William MacDonald
Christus und die Gemeinde
Leben und Lehre nach biblischem Vorbild

William MacDonald

CHRISTUS UND DIE GEMEINDE

Leben und Lehre nach biblischem Vorbild

MacDonald, William:
Christus und die Gemeinde
Leben und Lehre nach biblischem Vorbild

Best.-Nr. 271 712
ISBN 978-3-86353-712-8

5. Auflage 2020

Titel des amerikanischen Originals:
Christ loved the church.
© Copyright 1973 by William Mac Donald
Translated by permission.

© Copyright 1985 der deutschsprachigen Ausgabe:
Christliche Verlagsgesellschaft, Dillenburg
Zweite, überarbeitete Auflage 1997
Übersetzung: Alois Wagner
Satz: CV, Dillenburg
Umschlaggestaltung: E. Platte, Wuppertal
Umschlagmotiv: © unsplash.com/Joshua Eckstein

Druck: GGP Media GmbH, Pößneck
Printed in Germany

Inhalt

Vorwort

Wir freuen uns, dieses seit längerer Zeit vergriffene, wertvolle Buch zum Thema »Gemeinde« wieder neu herausgeben zu können. Dies geschieht in neuer Überarbeitung mit einer etwas geänderten Gliederung. Die Themen des zweiten Teils sind durchgehend über die Kapitel hinweg gegliedert, um die Orientierung zu erleichtern. Ein ausführliches Inhaltsverzeichnis am Schluss des Buches gibt einen umfassenden Eindruck von der Fülle der angesprochenen Themen und ermöglicht ein schnelles Auffinden und Nachschlagen von Details.

William MacDonald ist Autor und Mitautor zahlreicher Bücher und Bibelkurse. Er hat in diesem Buch die grundlegenden Ordnungen und geistlichen Prinzipien der neutestamentlichen Gemeinde dargestellt. In seiner Untersuchung bleibt er gründlich und eng an die biblischen Aussagen gebunden und scheidet in seinen Wertungen alles das klar aus, was in Gottes Wort keine Grundlage findet.

In einer Zeit, die geprägt ist von einem breiten Angebot christlicher Kirchen, Gemeinden und Gemeinschaften z. T. verbunden mit Neuaufbrüchen, ist es mehr denn je notwendig, sich auf die Grundlagen der neutestamentlichen Gemeinde, wie sie von Gott gedacht ist, zu besinnen und sich am biblischen Vorbild zu orientieren. Wir wünschen insbesondere dem jungen aber auch dem reifen Christen, der auf der Suche nach biblischer Orientierung im Zeitalter der Beliebigkeit dieses Buch liest, viel Segen und Gewinn, besonders auch bei dem Bestreben, nach den Grundsätzen des Neuen Testamentes Gemeinde zu gestalten und zu bauen.

Christliche Verlagsgesellschaft Dillenburg
Juni 1997

Teil 1

Grundlegendes über die Gemeinde

Kapitel 1
Die Gemeinde, die sein Leib ist

»Christus hat die Gemeinde geliebt und sich selbst für sie hingegeben.« Auch wir sollten die Gemeinde lieben und uns gleichsam für sie hingeben. Wir sollten uns selbst in freudigem, von Liebe geprägtem Dienst hingeben - opferbereit und treu - damit die Gemeinde auf Erden wachsen und gedeihen und triumphieren kann.

Es ist Absicht dieses Buches, die wichtigsten neutestamentlichen Grundsätze zu untersuchen, die das Wesen und das Leben der »Gemeinde, die sein Leib ist« charakterisieren. Wir werden uns dabei zunächst mit den großen unwandelbaren Wahrheiten über die Gemeinde als Gesamtheit beschäftigen und dann zu zeigen versuchen, wie jede örtliche Versammlung für das Bezeugen dieser Wahrheiten in Leben und Praxis verantwortlich ist.

Gleich zu Beginn möchten wir betonen, dass die Richtigkeit unserer Lehre über die Gemeinde niemals von der Richtigkeit unseres Lebens als Gemeinde getrennt werden darf. Denn die einer örtlichen Gemeinde angehörigen Christen müssen immer auch selbst ein lebendiges Zeugnis für diese Wahrheit sein. Diese Betonung wird dieses ganze Buch durchziehen.

Wir wenden uns nun der Gemeinde als Gesamtheit zu und beginnen mit ihrer Definition und Beschreibung:

1. Definition der Gemeinde

1.1. Das Wort **Gemeinde** im Neuen Testament ist eine Übersetzung des griechischen Wortes *ekklesia*, das »eine herausgerufene Gemeinschaft«, »ein Zusammenkommen« oder eine »Versammlung« bedeutet. Stephanus verwendete das Wort, um Israel als »die Gemeinde (Versammlung) in der Wüste« zu beschreiben (Apg 7,38). Es wird in der

Apostelgeschichte auch gebraucht, um einen heidnischen Pöbel zu beschreiben (Apg 19,32.39.41). Doch der weitaus häufigste Gebrauch dieses Wortes im Neuen Testament dient zur Beschreibung der Gruppe der an den Herrn Jesus Christus Gläubigen. So spricht Paulus von »der **Gemeinde** Gottes, die er sich erworben hat durch das Blut seines eigenen Sohnes« (Apg 20,28). In seinem ersten Brief an die Christen in Korinth unterteilt der große Apostel die ganze Menschheit in Juden, Heiden und die **Gemeinde** Gottes (1Kor 10,32). Und im selben Brief beschreibt er die **Gemeinde** Gottes als die Gruppe der christlichen Gläubigen, die er vor seiner Bekehrung verfolgt hatte (1Kor 15,9).

1.2. Es wird oft gesagt, dass die Gemeinde nicht eine Organisation, sondern ein **Organismus** ist. Damit will man zum Ausdruck bringen, dass sie nicht eine leblose Einrichtung, sondern eine lebendige Einheit ist. Sie ist die Gemeinschaft all derer, die Christus als ihr Leben besitzen und durch den Heiligen Geist in lebendiger Einheit miteinander verbunden sind. Sie wurde einmal sehr treffend als »reine Gemeinschaft von Personen ohne institutionellen Charakter« bezeichnet.

1.3. Das Neue Testament beschreibt die Gemeinde in vielen verschiedenen Bildern, und eine der besten Möglichkeiten, die Gemeinde besser verstehen zu lernen, ist das Studium der Bedeutung jedes einzelnen Bildes. Die wichtigsten sind hier aufgeführt:

1.3.1. *Eine* **Herde** (Joh 10,16). Die jüdische Nation war ein »Pferch« (»Hof«). Die Gemeinde ist eine Herde. In Johannes 10,16 sagte der Herr Jesus: »Und ich habe andere Schafe, die nicht aus diesem Hof (Israel) sind; auch diese muss ich bringen, und sie werden meine Stimme hören, und es wird *eine* Herde, *ein* Hirte sein«. Der Gedanke einer **Herde** stellt uns eine Gruppe von Christen vor, die unter der zarten und liebevollen Fürsorge des Guten Hirten zusammenleben, die seine Stimme hören und ihm folgen.

1.3.2. **Gottes Ackerfeld** (1Kor 3,9). Die Gemeinde ist Gottes Garten, in welchem er Frucht zu seiner Verherrlichung hervorbringen will. Wir sehen hier also vor allem den Gedanken des Fruchttragens.

1.3.3. **Gottes Bau** (1Kor 3,9). Dieser Ausdruck schildert Gott als einen Bauherrn, der lebendige Steine zur Gemeinde zusammenfügt. Wie wichtig ist es, dass unser Leben diesem Bauprojekt gewidmet ist, dem sein zentrales Interesse gilt.

1.3.4. **Der Tempel Gottes** (1Kor 3,16). Das Wort »Tempel« stellt uns unmittelbar den Gedanken der Anbetung vor Augen und erinnert uns daran, dass Gott heute einzig und allein von denen recht angebetet wird, die Glieder der Gemeinde sind.

1.3.5. **Der Leib Christi** (Eph 1,22.23). Der Leib ist das Mittel, wodurch sich eine Person darstellt oder ausdrückt. So ist der Leib Christi das Organ, wodurch sich der Herr heute der Welt gegenüber zum Ausdruck bringen möchte. Wenn ein Gläubiger diese große Wahrheit einmal verstanden hat, wird er die Gemeinde nie mehr als von zweitrangiger Bedeutung einstufen, sondern wird sich rückhaltlos für die Interessen des Leibes Christi einsetzen.

1.3.6. **Ein neuer Mensch** (Eph 2,15). Hier wird der Gedanke einer neuen Schöpfung betont. Der größte aller Unterschiede unter den Menschen - der zwischen Juden und Nationen - wurde in der Gemeinde beseitigt, und Gott macht aus diesen beiden Menschengruppen *einen* neuen Menschen.

1.3.7. **Eine Behausung Gottes** (Eph 2,22). Dieser Ausdruck verdeutlicht die Wahrheit, dass Gott jetzt in der Gemeinde wohnt, und nicht in einem materiellen Zelt oder Tempel wie im Alten Testament.

1.3.8. **Die Braut Christi** (Eph 5,25-27; 2Kor 11,2). Dieses Bild der Gemeinde vermittelt den Gedanken der Zuneigung und Liebe. »Ihr Männer, liebet eure Frauen, wie

10

auch der Christus die Gemeinde geliebt und sich selbst für sie hingegeben hat, um sie zu heiligen, sie reinigend durch die Waschung mit Wasser durch das Wort, damit er die Gemeinde sich selbst verherrlicht darstellte, die nicht Flecken oder Runzel oder etwas dergleichen habe, sondern dass sie heilig und tadellos sei.« Wenn Christus die Gemeinde geliebt und sich selbst für sie hingegeben hat, dann sollte die Gemeinde selbstverständlich von bräutlicher Zuneigung ihm gegenüber erfüllt sein.

1.3.9. Das Haus Gottes (1 Tim 3,15). Ein Haus oder Haushalt spricht von Ordnung und Zucht. Den Gedanken der Ordnung finden wir in 1. Timotheus 3,15: »Du sollst wissen, wie man sich verhalten muss im Hause Gottes«. Die Zucht wird uns in 1. Petrus 4,17 vorgestellt: »... dass das Gericht anfange beim Hause Gottes«.

1.3.10. Der Pfeiler und die Grundfeste der Wahrheit (1 Tim 3,15). Eine Säule wurde früher nicht nur als Stütze für ein Gebäude, sondern oft auch zum Anschlagen öffentlicher Bekanntmachungen verwendet. Sie war also ein Mittel der Verkündigung. Das Wort »Grundfeste« hier bedeutet ein Bollwerk oder eine Stütze. So ist also die Gemeinde Gottes das Organ, das er zur Verkündigung, zur Aufrechterhaltung und zur Verteidigung seiner Wahrheit vorgesehen hat. Wir können deshalb mit Gewissheit sagen, dass Christen, die im Zentrum des Willens und der Pläne Gottes stehen wollen, ihre ganze Kraft für das Wachstum und geistliche Wohl der Gemeinde einsetzen sollten. Viele reden heute davon, dass es ihre Aufgabe ist, das Evangelium zu predigen, doch alles, was mit der Gemeinde zu tun hat, lässt sie ziemlich gleichgültig. Sie sollten gut bedenken, dass der Dienst des Apostels Paulus ein zweifacher war:

➤ *»Den Nationen den unausforschlichen Reichtum des Christus zu verkündigen«*, aber auch

➤ *»Ans Licht zu bringen, was die Verwaltung des Geheimnisses sei«*, d.h. sie in den großen Wahrheiten der Gemeinde zu gründen (Eph 3,8.9)

2. Die Entstehung der Gemeinde

2.1. Unter den großen Gottesmännern herrschen sehr unterschiedliche Auffassungen bezüglich der **Zeit der Entstehung** der Gemeinde. Viele glauben, dass die Versammlung eine Fortsetzung oder ein Ableger des alttestamentlichen Israel ist. Andere wiederum bestehen fest darauf, dass die Gemeinde im Alten Testament nicht existierte, sondern erst mit der neuen Haushaltung begann. Folgende Überlegungen sprechen für letztere Ansicht:

2.1.1. In Epheser 3,4.5 spricht Paulus von der **Gemeinde als einem Geheimnis** »das in anderen Geschlechtern den Söhnen der Menschen nicht kundgetan, wie es jetzt seinen heiligen Aposteln und Propheten durch den Geist geoffenbart worden ist«. In Vers 9 sagt er wiederum, dass die Gemeinde ein »Geheimnis« ist, »das von den Zeitaltern her in Gott ... verborgen war« (vgl. auch Kol 1,26; Röm 16,25.26). Die Gemeinde war also ein Geheimnis, das Gott durch die ganze Zeit des Alten Testaments hindurch für sich behalten hatte und es erst dann offenbarte, als die neutestamentlichen Apostel und Propheten auftraten.

2.1.2. In Matthäus 16,18 sagte der Herr Jesus: »Auf diesen Felsen *werde* ich meine Gemeinde bauen.« Mit anderen Worten, die Gemeinde war zur Zeit dieser seiner Worte immer noch **etwas Zukünftiges**.

2.1.3. In Epheser 4,8-11 betont Paulus wiederum, dass es der auferstandene, erhöhte Christus war, der der Gemeinde Gaben gegeben hat. Dies zeigt deutlich, dass die Gemeinde, hätte sie vor seiner Himmelfahrt existiert, keine Gaben zu ihrer Auferbauung gehabt hätte.

2.2. Wir glauben, dass man nicht nur zeigen kann, dass die Gemeinde in der neuen Haushaltung begonnen hat, sondern auch, dass sie genau zu Pfingsten entstanden ist.

2.2.1. Vom Leib Christi wird gesagt, dass er durch die Taufe in dem Heiligen Geist gebildet wurde (1Kor 12,13).

Können wir nun feststellen, wann diese Taufe in dem Heiligen Geist stattgefunden hat?

2.2.2. In Apostelgeschichte 1,5 versprach der Herr den Aposteln unmittelbar vor seiner Himmelfahrt: »Ihr werdet mit Heiligem Geist getauft werden nach nicht mehr vielen Tagen.«

2.2.3. Am Pfingsttag »wurden sie alle mit Heiligem Geist erfüllt und fingen an, in anderen Sprachen zu reden, wie der Geist ihnen gab auszusprechen« (Apg 2,4).

2.2.4. Zur Zeit von Apostelgeschichte 5 existiert die Gemeinde bereits ohne jeden Zweifel, denn wir lesen, dass »große Furcht über die ganze Gemeinde kam« (Apg 5,11).

Diese Argumente legen den Geburtstag der Gemeinde deutlich auf den Pfingsttag fest.

3. Sieben große Wahrheiten über die Gemeinde

Mit der Apostelgeschichte und den neutestamentlichen Briefen verwoben sind viele herrliche Wahrheiten über die Gemeinde Gottes. Über die sieben wichtigsten davon möchten wir hier kurz einiges sagen, um sie dann später ausführlicher zu beschreiben.

3.1. **Da ist ein Leib** (Eph 4,4). Nach der Schrift gibt es nur *eine* Gemeinde. Trotz aller Umstände, die dagegenzusprechen scheinen, bleibt die Tatsache bestehen, dass es nach den Gedanken Gottes heute nur *einen* Organismus von Gläubigen auf der Erde gibt. Obgleich die Gemeinde für den Menschen niemals in ihrer Gesamtheit sichtbar ist, wird sie doch durch den Heiligen Geist zu *einem* alle Glieder umfassenden Leib geformt.

3.2. **Christus ist das Haupt des Leibes** (Eph 5,23; Kol 1,18). Unter Verwendung der Analogie des menschlichen Leibes möchte uns Paulus lehren, dass Christus als Haupt im

13

Himmel seinen Leib auf der Erde steuert. Das Haupt spricht von Autorität, Führung und ist der Sitz des Intellekts. Haupt und Leib haben des gleiche Leben, die gleichen Interessen und Absichten. Wie das Haupt ohne den Leib nicht vollständig ist, so ist auch Christus in einem sehr realen Sinn ohne seine Gemeinde nicht vollständig. Darum lesen wir in Epheser 1,23, dass die Gemeinde als sein Leib »die *Fülle dessen* ist, der alles in allen erfüllt«. Dies ist ein Grund tiefster Bewunderung und Anbetung im Gläubigen.

3.3. **Alle Gläubigen sind Glieder des Leibes** (Apg 2,47) In dem Augenblick, in dem jemand gerettet wird, wird er zur Versammlung als Glied des Leibes hinzugefügt. Diese Gliedschaft übergreift die Grenzen von Rasse, Hautfarbe, Nationalität, Temperament, Kultur, Gesellschaftsschicht, Sprache und Religionszugehörigkeit. In der bekannten Textstelle über die Glieder des Leibes Christi (1Kor 12,12-26) erinnert uns Paulus daran, dass

3.3.1. der Leib viele Glieder hat (V. 12-14),

3.3.2. jedes Glied eine Aufgabe auszuführen hat (V. 15-17),

3.3.3. jedoch nicht alle Glieder dieselbe Aufgabe haben (V. 19),

3.3.4. das Wohlergehen des Leibes vom Zusammenwirken aller Glieder abhängt (V. 21-23),

3.3.5. da alle Glieder des Leibes einander brauchen, es weder Grund zu Neid oder Unzufriedenheit (V. 15-17), noch zu Stolz und Unabhängigkeit (V. 21) gibt,

3.3.6. da alle Glieder des einen Leibes sind, es gegenseitige Fürsorge, Mitleid und Mitfreude geben sollte (V. 23-26).

3.4. **Der Heilige Geist ist der Stellvertreter oder Sachwalter Christi in der Gemeinde** (Joh 14,16.26). Nach seiner Himmelfahrt sandte der Herr Jesus den Heiligen Geist als seinen Stellvertreter auf die Erde. Die Tätigkeit des Heiligen Geistes in der Versammlung wird im folgenden kurz skizziert:

14

3.4.1. Er leitet die Christen in ihrer Anbetung (Eph 2,18).

3.4.2. Er unterstützt ihre Gebete (Röm 8,26.27).

3.4.3. Er verleiht ihrer Predigt Kraft (1Thes 1,5).

3.4.4. Er leitet sie in ihren Tätigkeiten, sowohl anweisend (Apg 13,2) als auch verhindernd (Apg 16,6.7).

3.4.5. Er erweckt Aufseher für die Gemeinde (Apg 20,28).

3.4.6. Er schenkt Gaben für ihr Wachstum und ihre Wirksamkeit (Eph 4,11).

3.4.7. Er leitet die Gläubigen in die ganze Wahrheit ein (Joh 16,13).

3.5. **Die Gemeinde Gottes ist heilig** (1Kor 3,17). Gott ruft aus den Nationen ein Volk für seinen Namen heraus. Er sondert sie von der sündigen Welt für sich ab und ruft sie auf, ihrerseits mit einem Leben in praktischer Heiligung zu reagieren. Allein dadurch kann die Gemeinde in dieser verdorbenen Welt einen heiligen Gott glaubwürdig repräsentieren.

3.6. **Für die Auferbauung der Gemeinde sind Gaben gegeben** (Eph 4,11.12). Es ist der Wille des Herrn, dass die Gemeinde sowohl geistlich als auch zahlenmäßig wächst. Zu diesem Zweck hat der verherrlichte Christus der Gemeinde Gaben gegeben.

Diese Gaben sind Menschen, die eine besondere Befähigung empfangen haben, die Gemeinde auf geistliche Art aufzuerbauen. Nach Epheser 4,11 sind diese Gaben[1]:

- Apostel
- Propheten
- Evangelisten
- Hirten
- Lehrer

Wir glauben, dass die Apostel und Propheten in erster Linie zur Gründung der Gemeinde gegeben wurden (Eph 2,20). Als die Grundlagen gelegt waren, waren diese Apostel und neutestamentlichen Propheten nicht mehr nötig, und im eigentlichen Sinn des Wortes[2] gibt es sie heute nicht mehr.

Jedoch haben wir immer noch Evangelisten, Hirten und Lehrer. Die Evangelisten gehen mit dem Evangelium hinaus in die Welt, führen Sünder zu Christus und bringen sie dann in die Gemeinschaft der örtlichen Gemeinde. Hirten kümmern sich um die Belange der Herde, indem sie die Schafe weiden, sie ermahnen und trösten, und zum Schutz vor Bösem über sie wachen. Die Lehrer erklären das Wort Gottes auf verständliche Weise und stellen die Lehren der Schrift in ihren Grundzügen und inneren Zusammenhängen dar.

Wenn diese Gaben zum Dienst bereitstehen, dann wächst die Gemeinde und die Heiligen werden in ihrem heiligsten Glauben auferbaut (Jud 20). Die Gaben sind Gottes Fürsorge für das Wachstum der Gemeinde.

3.7. **Alle Gläubigen sind Priester Gottes** (1Petr 2,5.9). Eine letzte Wahrheit, die wir in Verbindung mit der Gemeinde erwähnen möchten, ist das Priestertum aller Gläubigen. Im Alten Testament konnte nur eine bestimmte Gruppe Priester werden - der Stamm Levi und die Familie Aarons (2Mo 28,1). Heute gibt es keine besondere Kaste von Menschen, die über ihre Mitgeschwister erhaben sind und sich durch besondere Kleidung und spezielle Privilegien auszeichnen. Alle Kinder Gottes sind Priester Gottes mit allen Vorrechten und allen Verantwortlichkeiten, die ein solcher Titel mit sich bringt.

Anmerkungen:

1) In 1. Korinther 12,8-10 finden wir eine andere Liste von Geistesgaben: das Wort der Weisheit, das Wort der Erkenntnis, Glauben, Gnadengaben der Heilungen, Wunderwirkungen, Weissagung, Unterscheidungen der Geister, Arten von Sprachen, Auslegung der Sprachen. Zwischen diesen beiden Aufzählungen besteht nicht unbedingt ein Widerspruch. In Epheser 4 sind die Gaben *Personen,* deren ganze Zeit offensichtlich dem Evangelisieren, dem Lehren oder dem Hirtendienst gewidmet ist. Hier in 1. Korinther 12 dagegen sind die Gaben *Begabungen* oder *Fähigkeiten*

genannt, die nicht notwendigerweise auf bestimmte Personen beschränkt sind, sondern die der Heilige Geist zu jeder beliebigen Zeit jedem beliebigen Glied des Leibes Christi geben kann, wie es ihm wohlgefällt. So kann z.B. jeder Christ vom Geist geleitet sein, ein »Wort der Weisheit« oder ein »Wort der Erkenntnis« weiterzugeben, ohne deswegen unbedingt ein Lehrer zu sein. Ein anderer mag eine Seele zu Christus führen und ist deswegen doch kein Evangelist.

In 1. Korinther 12,28 wiederum spricht Paulus von Aposteln, Lehrern, Wunderkräften, Gnadengaben der Heilungen, Hilfeleistungen, Leitungen, Arten von Sprachen. Hier erhebt sich unweigerlich die Frage, ob die Gaben wunderhafter Natur heute noch vorkommen. In Hebräer 2,4 wird gesagt, dass Gott Zeichen und Wunder benutzte, um die Predigt des Evangeliums am Anfang zu bestätigen (authentisieren). Dies geschah zu der Zeit, als das vollständige Wort Gottes in schriftlicher Form noch nicht vorlag. Viele glauben deshalb, dass mit der Vollständigkeit der Bibel die Notwendigkeit dieser Wunder aufhörte. Die Schrift macht darüber keine endgültigen Aussagen. Während wir glauben, dass diese wunderhaften Gaben unter uns im allgemeinen nicht mehr vorkommen, können wir dennoch nicht sagen, dass der Heilige Geist in seiner Souveränität nicht die Freiheit hat, sie auch heute noch zu gebrauchen, besonders auf jenen Missionsfeldern, wo die Schrift noch nicht oder nur in sehr beschränktem Umfang erhältlich ist. Auf jeden Fall aber müssen diejenigen, die diese wunderhaften Gaben zu besitzen behaupten, sorgfältig darauf achten, sie in Übereinstimmung mit den Anweisungen des Wortes Gottes zu gebrauchen (so wird der Gebrauch der Sprachen z. B. in 1. Korinther 14 geregelt).

2) In der weiteren Bedeutung gibt es jedoch zweifellos auch heute noch Apostel, wenn wir damit einfach Männer meinen, die vom Herrn ausgesandt sind. In dieser weiteren Bedeutung gibt es auch noch Propheten, d. h. Männer, die im Namen Gottes den Finger auf Sünde und Unrecht legen. Aber wir weisen den Gedanken weit von uns, dass es heute noch Menschen gibt, die die gleiche Autorität haben, wie sie den eigentlichen neutestamentlichen Aposteln übertragen wurde, oder die durch die gleiche direkte und inspirierte Offenbarung sprechen können wie die neutestamentlichen Propheten. (Von daher ist auch die Anwendung dieser Bezeichnungen auf heute lebende Menschen nicht haltbar.)

4. Die Vollendung und Zukunft der Gemeinde

Wie schon gesagt, wird die Gemeinde in unserer Zeit gebaut. Jedesmal, wenn sich eine Seele retten lässt, wird dem Gebäude ein lebendiger Stein hinzugefügt. Still wächst das Bauwerk ohne den Klang eines Werkzeuges (1Kön 6,7). Der Heilige Geist fügt täglich die zur Gemeinde hinzu, die gerettet werden sollen (Apg 2,47).

Eines Tages, und zwar bald, wird das Werk vollendet sein. Der letzte Stein wird hinzugefügt werden, und der Herr Jesus wird wiederkommen. Wie von einem göttlichen Magneten angezogen, wird die Gemeinde emporsteigen, um dem Heiland zu begegnen, und zusammen werden alle Gotteskinder in die vielen Wohnungen im Haus des Vaters zurückkehren (Joh 14,2.3). »Und so werden wir allezeit beim Herrn sein« (1Thes 4,17).

Dann wird die Gemeinde ihr gesegnetes Teil genießen, das nicht nur darin besteht, bei Christus zu sein, sondern auch seine Herrlichkeiten zu teilen, die er während seines Lebens auf der Erde erworben hat (Joh 17,22).

Die ganze Ewigkeit hindurch ist es die Bestimmung der Gemeinde, Zeuge der Herrlichkeit Gottes zu sein. »Damit er in den kommenden Zeitaltern den überschwenglichen Reichtum seiner Gnade in Güte an uns erwiese in Christus Jesus« (Eph 2,7).

In der gegenwärtigen Zeit ist die Gemeinde Gottes Meisterwerk auf der Erde - ein Anschauungsmodell der mannigfaltigen Weisheit Gottes für die Mächte und Gewalten in der Himmelswelt (Eph 3,10). Jeder Gläubige sollte deshalb ein zentrales Interesse an der Gemeinde haben, und in seinem Dienst als Christ sollten das Wachstum und die Auferbauung der Gemeinde die wichtigsten Ziele sein (1Thes 1,6-8; 1Kor 14,12).

Kapitel 2
Die örtliche Gemeinde

1. Definition der örtlichen Gemeinde

In den bisherigen Kapiteln haben wir über die Gemeinde in ihrer weltweiten Gesamtheit gesprochen. In diesem Sinn wird sie auch manchmal als die unsichtbare Gemeinde oder der geheimnisvolle Leib Christi bezeichnet.

Darüber hinaus spricht das Neue Testament aber auch von örtlichen Gemeinden, die aus den Gläubigen eines bestimmten Ortes zusammengesetzt sind. So lesen wir von den Gemeinden oder Versammlungen in Jerusalem, Korinth, Rom usw. Jede einzelne war eine souveräne Einheit, unabhängig von anderen Gemeinden, obwohl sie miteinander Gemeinschaft hatten und alle Christus unterworfen waren.

Im Laufe der Zeit entstanden beträchtliche Meinungsverschiedenheiten bezüglich dessen, was eine neutestamentliche Gemeinde nun eigentlich ausmacht. Die übliche Vorgehensweise ist die, dass man eine bestimmte Anzahl von Erfordernissen oder Kennzeichen aufstellt; und wenn eine Gruppe von Christen diesen Anforderungen entspricht, wird sie als echte örtliche Gemeinde angesehen. 1593 gab Henry Barrow eine, wie wir meinen, dafür recht typische Definition einer Gemeinde:

»Eine in der Wahrheit gegründete und richtig befestigte Gemeinde Christi ist eine Gemeinschaft von gläubigen Menschen, abgesondert von den Ungläubigen, versammelt im Namen Christi, den sie in Wahrheit anbeten und dem sie bereitwillig gehorchen. Sie sind eine Bruderschaft, eine Gemeinschaft von Heiligen, wobei jeder von ihnen in der Freiheit eines Christenmenschen steht und dafür einsteht, zu tun, was immer Gott ihnen in seinem Heiligen Wort geboten und geoffenbart hat.«

Andere Definitionen sind weit enger gefasst bis zu einem Grad, daß schließlich nur noch Gemeinden einer bestimmten Denomination oder Gruppierung den Anforderungen tatsächlich entsprechen.

Damit erhebt sich eine sehr wichtige Frage. Gibt uns das Neue Testament eine Liste mit einer bestimmten Anzahl von Kennzeichen oder Mindestanforderungen, die eine örtliche Gemeinde präzise beschreiben? Werden die Kennzeichen einer Gemeinde so deutlich genannt, dass jeder beliebige Gläubige die Gemeinschaften in jeder beliebigen Gegend ohne weiteres in solche unterteilen könnte, die echte neutestamentliche Gemeinden darstellen, und solche, die es nicht sind?

Wir glauben, dass dies nicht der Fall ist. Wenn nur die Übereinstimmung mit einem bestimmten Schema oder das Vorhandensein bestimmter Arten von Zusammenkünften nötig wäre, um eine neutestamentliche Versammlung zu werden, so könnte das ziemlich mechanisch ohne geistliche Übung geschehen. Gleichgültigkeit und Selbstgefälligkeit wären die Folge. Wenn auch die Position einer Gemeinde noch so korrekt ist, so kann es doch um den praktischen Zustand der Gläubigen ganz anders bestellt sein.

Wir glauben deshalb, dass die Sichtweise des Neuen Testaments eine andere ist, und zwar folgende: Zu allen Gläubigen wird gesagt, dass sie durch Gottes Gnade Glieder der Gemeinde sind. Dann werden sie aufgerufen, sich so zu versammeln, dass sie damit den großen Wahrheiten von der Gemeinde Ausdruck geben. Einige Versammlungen von Christen geben eine sehr dürftige Darstellung des Leibes Christi. Andere Gruppen sind eine getreuere Wiedergabe des Ideals. Aber keine deckt sich damit vollkommen.

So folgt die Schrift keiner gesetzlichen Methode, die sagt: »Wenn ihr bestimmte Anforderungen erfüllt, werdet ihr eine Gemeinde werden«, sondern sie gebraucht statt dessen die Sprache der Gnade, nämlich: »Ihr als Gläubige seid die Gemeinde; deshalb versammelt euch in einer Weise, dass ihr diese Tatsache der Welt gegenüber möglichst getreu zum Ausdruck bringt«. Die Triebkraft unter der Gnade ist Liebe zum Heiland, und diese Liebe sollte in uns den Wunsch erwecken, unserer Umwelt ein möglichst getreues Bild des Leibes Christi darzustellen.

Zusammenfassend können wir also sagen, dass die örtliche Gemeinde ein Miniaturbild der Gesamtgemeinde sein sollte. Sie sollte nichts **sein** und nichts **tun,** was den großen Wahrheiten der Gemeinde, die der Leib Christi ist, widersprechen würde.

»Ihr Wesen und ihre Einheit müssen geoffenbart werden. Man muss sehen können, dass sie der Leib Christi ist, gebildet durch und bewohnt vom Heiligen Geist, dass alle Gläubigen Glieder von ihr sind, vereinigt mit dem verherrlichten Christus und untereinander; dass das Kommen des Herrn die vor ihr liegende Hoffnung ist und der Name Christi der einzige Name, mit dem sie genannt wird. Außerdem muss sie die Einheit des Leibes Christi zum Ausdruck bringen.«[1]

Wenn also die örtliche Gemeinde eine Nachbildung der Gesamtgemeinde sein muss, was sind dann die großen Wahrheiten über den Leib Christi, für die sie ein lebendiges Zeugnis sein soll? Wir haben bereits sieben dieser grundsätzlichen Wahrheiten erwähnt, nämlich

1. Da ist *ein* Leib.

2. Christus ist das Haupt des Leibes.

3. Alle Gläubigen sind Glieder des Leibes.

4. Der Heilige Geist ist der Stellvertreter Christi in der Gemeinde.

5. Die Gemeinde Gottes ist heilig.

6. Für die Auferbauung der Gemeinde sind Gaben gegeben.

7. Alle Gläubigen sind Priester Gottes.

Unsere Absicht ist es nun, diese Wahrheiten nacheinander durchzugehen und darüber nachzudenken, wie die örtliche Gemeinde sie der Welt gegenüber zum Ausdruck bringen kann.

Anmerkungen:

1) Samuel Ridout, The Church According to Scripture, New York (Loizeaux Brothers) 1926, Seite 23

Teil 2

Sieben wichtige Wahrheiten über die Gemeinde

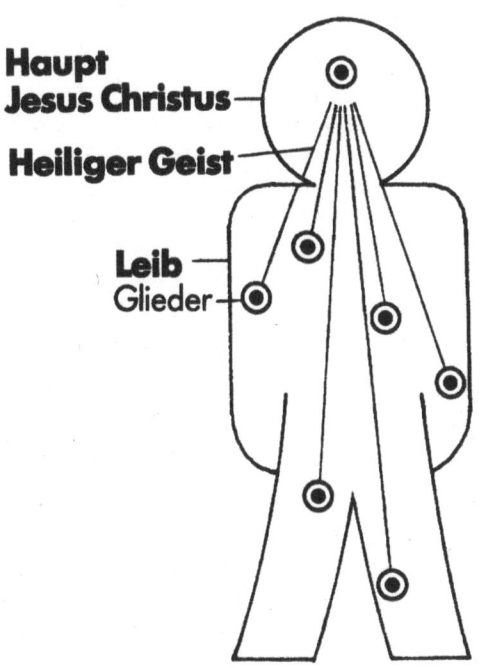

Kapitel 3
Die Wahrheit des einen Leibes

Die erste Wahrheit, die die örtliche Gemeinde
zu bezeugen hat, ist

1. Da ist *ein* Leib.

Wie können Gläubige diese Tatsache heute zur
Darstellung bringen?

1.1. Am einfachsten zunächst einmal dadurch, dass sie sich
keinen Namen geben, der sie von anderen Christen trennt. In
der Gemeinde von Korinth sagten die einen: »Ich bin des
Paulus«, wieder andere: »ich aber des Apollos« oder: »ich
aber des Christus«. Paulus verurteilt diese Haltung scharf mit
seiner Frage: »Ist der Christus zerteilt?« (1Kor 1,10-17).
Heute zerteilen sich die Christen in Benennungen, die
nach Ländern, geistlichen Führern, Riten oder Formen der
Gemeindestruktur bezeichnet sind. All dies ist eine praktische Verleugnung der Einheit des Leibes Christi.

1.2. Die Aussagen der Schrift weisen klar darauf hin, dass
Kinder Gottes nur unter solchen Namen gekannt werden sollen, wie sie die Bibel uns zeigt wie »Gläubige« (Apg 10,45),
»Jünger« (Apg 9,1), »Christen« (Apg 11,26) oder »Brüder«
(Jak 2,1). Es ist vielleicht eine der schwierigsten Aufgaben
im Leben eines Christen, keinen anderen Namen zu tragen
als nur einfach den eines Gläubigen. Eine überwältigende
Mehrheit glaubt heute, dass man irgendeiner organisierten
Kirche angehören und zusätzlich zu den im Wort gegebenen
noch einen anderen Namen tragen muss. Jeder, der sich wei-
gert, unter irgendeiner anderen Bezeichnung als der eines
Kindes Gottes zu firmieren, wird sich selbst von Mitchristen
Unverständnis und Vorwürfe einhandeln und wird für die

Allgemeinheit immer eine undurchsichtige Problemgestalt bleiben. Aber können Gläubige anders handeln, wenn sie konsequent sein wollen?

1.3. Nun ist es natürlich nicht damit getan, einen genau der Schrift entsprechenden Namen zu tragen. Es ist sehr leicht möglich, dass wir uns streng an die Sprache der Bibel halten und dennoch eine äußerst sektiererische Haltung an den Tag legen. Einige in Korinth sagten beispielsweise: »Ich aber bin des Christus.« Vielleicht waren sie stolz auf die Korrektheit ihres Namens, aber in Wirklichkeit meinten sie damit, dass sie allein auf der Seite des Christus stünden - alle anderen wahren Gläubigen aber nicht! Paulus tadelte sie genauso streng wie diejenigen, die ihn selbst oder Apollos zum Haupt einer Partei machen wollten.

1.4. Wann immer jemand die biblische Grundlage von Denominationen anzweifelt, so wird gewöhnlich entgegnet, dass der Herr in einigen der großen Gruppen und Denominationen der Kirche einen reichen Segen geschenkt hat. Wenn wir dies auch gern zugeben, so sollten wir doch daran denken, dass
1.4.1. der Segen des Herrn noch lange nicht die göttliche Zustimmung in jedem Detail nachweist. Er bekennt sich zu seinem Wort, obwohl dessen Verwirklichung oft von viel Versagen und Unvollkommenheit begleitet ist. Wenn Gott nur dort segnen würde, wo absolute Vollkommenheit ist, so gäbe es überhaupt keinen Segen. Die Tatsache also, dass eine Gruppe seine segnende Hand verspürt hat, beweist nicht, dass er allem zustimmt, was diese Gruppe praktiziert. Unsere Botschaft ist immer größer, als wir es als Boten sind.
1.4.2. Die Haltung des Herrn gegenüber Spaltungen in der Gemeinde zeigt deutlich die Aussage in 1. Korinther 3,4: »Denn wenn einer sagt: Ich bin des Paulus, der andere aber: Ich des Apollos - seid ihr nicht menschlich?« - d.h. fleischlich (vgl. den vorhergehenden Vers).

1.4.3. Spaltungen in der Gemeinde sind die Ursachen von vielem Übel:

1.4.3.1. Sie schaffen künstliche Schranken für die Gemeinschaft.

1.4.3.2. Sie engen das Betätigungsfeld begabter Männer Gottes ein, deren Dienst der ganzen Gemeinde Gottes zugute kommen sollte.

1.4.3.3. Sie verwirren die Ungläubigen und veranlassen sie zu der häufigen Frage: »Welche Gemeinde ist jetzt die richtige?«

In seinem bekannten Werk »Das Gebet des Herrn für Gläubige« schreibt Marcus Rainsford: »Was mich betrifft, so glaube ich, dass Denominationen und Spaltungen das Ergebnis des Versuchs des Teufels sind, die sichtbare Einheit der Gemeinde Gottes so weit wie möglich zu verderben und zu verhindern; und sie alle haben ihre Wurzel in unserem geistlichen Hochmut und Egoismus, unserer Selbstzufriedenheit und unserer Sünde.[1]

Möge Gott uns unsere Spaltungen vergeben und sie aufheben! Nichts gibt der Welt draußen größeren Anstoß als die Meinungsverschiedenheiten zwischen den bekennenden Christen. Das Gezänk und der Streit zwischen Männern und Frauen verschiedener Gruppen und Denominationen der sichtbaren Gemeinde Gottes war für die Welt schon immer eines der größten Hindernisse. Anstatt die Gemeinde anzuschauen und zu dem Bekenntnis gezwungen zu sein: ›Seht, wie diese Christen einander lieben‹, hat die Welt oft genug Grund gehabt, zu sagen: ›Seht, wie sie einander kritisieren, wie sie einander richten, wie sie einander beschimpfen‹.«[2]

1.5. Gläubige, die sich entschlossen haben, die Einheit des Leibes Christi zu bezeugen, werden es sehr schwer finden, sich einerseits von allen Spaltungen in der Gemeinde Gottes zu trennen und sich dabei gleichzeitig eine Haltung aufrichtiger Liebe zu dem ganzen Volk Gottes zu bewahren.

C. H. Mackintosh, der geschätzte Autor der Auslegungen zu den fünf Büchern Mose, schreibt: »Die große Schwierigkeit besteht darin, eine Haltung völliger Absonderung mit einer Haltung der Gnade, Sanftmut und Langmut zu kombinieren, oder, wie sich einmal jemand ausgedrückt hat, ›sich ein weites Herz auf einem schmalen Pfad zu bewahren‹. Dies ist sehr schwierig. Da die strenge und kompromisslose Aufrechterhaltung der Wahrheit dazu neigt, den Kreis der Gemeinschaft um uns einzuengen, brauchen wir alle die nach außen wirkende Kraft der Gnade, um unser Herz weit und unsere Liebe zu den Mitgeschwistern warm zu erhalten. Wenn wir für die Wahrheit in einer anderen Haltung als in der der Gnade eifern, werden wir nur ein einseitiges und in keinster Weise anziehendes Zeugnis abgeben. Wenn wir aber auf der anderen Seite Gnade auf Kosten der Wahrheit zeigen wollen, so wird sich dies letztendlich lediglich als die Offenbarung einer menschengefälligen Großzügigkeit auf Kosten Gottes herausstellen - eine äußerst nutz- und wertlose Sache.«[3]

W. H. Griffith Thomas erwähnt in seinem Buch »Leben und Arbeit eines Dieners Gottes« den gleichen Gedanken:

»Wir wollen unsere Grundsätze unverrückbar auf dem unfehlbaren Felsen der göttlichen Wahrheit fixiert lassen, aber wir wollen unsere Liebe und Sympathie so weit und breit wie möglich zu all denen ausgehen lassen, die für Christus zu leben und zu arbeiten versuchen. Niemals werde ich die Worte des gottesfürchtigen und edlen Bischofs Whipple von Minnesota, des Apostels der Indianer, vergessen, die ich einmal in London bei einer denkwürdigen Gelegenheit gehört habe: ›Seit dreißig Jahren versuche ich das Angesicht Christi in denen zu sehen, die sich in ihrer Auffassung von mir unterscheiden.‹«[4]

1.6. Die sichtbare Darstellung der Einheit des Leibes Christi wird nicht durch die verschiedenen ökumenischen Bewegungen erreicht, über die heute so viel gesprochen

wird. Solche Vereinigungen, Komitees und Zusammen-
schlüsse haben nur dadurch Erfolg, dass sie die großen
Wahrheiten der Schrift kompromittieren. Christliche Gemeinden verleugnen ihren Herrn, wenn sie sich mit solchen
zusammenschließen, die die Geburt Christi aus der Jungfrau,
seine sündlose Menschheit, seinen stellvertretenden Sühnetod, seine leibliche Auferstehung, seine Himmelfahrt und
Verherrlichung, und seine Wiederkunft ablehnen.

1.7. Die wirkliche Basis christlicher Einheit ist eine
gemeinsame Hingabe an Christus und Unterwerfung unter
sein Wort. Wenn seine Verherrlichung unser tiefer Herzens-
wunsch ist, dann werden wir zueinander geführt und sein
Gebet wird erhört werden: »Dass sie eins seien, wie wir eins
sind« (Joh 17,22).
Es wurde schon oft darauf hingewiesen, dass sich zur Zeit
der Ebbe am Strand hier und da kleine Wasserpfützen bilden,
die durch große Flächen von Sand voneinander getrennt
sind. Erst wenn die große Flut heranrollt und sie wie mit
einer gewaltigen Umarmung überströmt, werden sie wieder
eins und miteinander verbunden. So muss es, und so wird es
sein mit unseren aus dem Herzen hervorkommenden
Trennungen, mit unseren »unseligen Spaltungen«; die große
Flut der Liebe Gottes wird tiefer und voller in jedes einzelne
unserer Leben fließen, und im Ozean dieser Liebe werden
wir Gottes Ideal von Liebe, Freude und Friede für immer
verwirklichen.[5]

In der Zwischenzeit ist es die Aufgabe der örtlichen
Gemeinden, ein Zeugnis für die Einheit des Leibes Christi
aufrechtzuerhalten zu versuchen, und zwar in einer Zeit, in
der der größte Teil der Christenheit alles dazu tut, diese
Tatsache zu verleugnen. Sie könnten dieses Zeugnis verwirklichen, indem sie sich zu allen wahren Mitgläubigen im
Geist, im Grundsatz und in der Praxis bekennen.

Anmerkungen:

1) Marcus Rainsford, The Lord's Prayer for Believers, London (C. J. Thynne) 1904, Seite 409

2) Ebda. Seite 446

3) C. H. Mackintosh, »The Unequal Yoke« in: Miscellaneaous Notes, New York (Loizeaux Brothers), Bd. 2, Seite 29

4) W. H. Griffith Thomas, Ministerial Life and Work, Chicago (Moody) 1927, Seite 115f.

5) Ebda. Seite 116

Kapitel 4
Christus das Haupt

Eine zweite Wahrheit, die die örtliche Gemeinde darstellen sollte, ist:

2. Christus ist das Haupt des Leibes

Wie können Gläubige diese Tatsache heute zum Ausdruck bringen?

2.1. Ganz eindeutig dürfen sie keinen menschlichen Führer als Haupt der Gemeinde anerkennen. Die schreiendste Verletzung dieses Grundsatzes sehen wir in dem Haupt eines großen religiösen Systems, der das sichtbare Haupt des Leibes Christi zu sein behauptet. Die meisten Christen haben heute die Torheit einer solchen Anmaßung erkannt, doch hat dieses Übel in etwas verfeinerter Form fast alle Teile des Christentums infiltriert.

2.2. Die Wahrheit von Christus als dem Haupt wird dann wirklich anerkannt, wenn er die Aktivitäten der Gemeinde bestimmen darf, wenn er ihre Entscheidungen trifft, wenn er in jeder Abteilung den Vorsitz führt. Für viele mag dies vielleicht zu vage und unpraktisch klingen. Wie kann der Herr im Himmel eine Gemeinde auf der Erde leiten? Die Antwort ist, dass er in jedem Fall seinen Willen denen deutlich machen wird, die deswegen geduldig auf ihn warten. Dies verlangt, zugegeben, ein großes Maß an geistlicher Übung von seiten der Gläubigen. Es wäre viel leichter für sie, die Sache in ihre eigenen Hände zu nehmen und ihre eigenen Pläne zu machen. Aber wir sollten uns stets daran erinnern, dass neutestamentliche Grundsätze nur in neutestamentlicher Kraft verwirklicht werden können. Wer nicht bereit ist, den Weg der Abhängigkeit, des Gebets und des geduldigen

Wartens zu gehen, wird niemals das Vorrecht haben, zu erleben, wie das große Haupt der Gemeinde die örtliche Gemeinde hier auf der Erde führt und leitet.

2.3. Vielleicht ist hier der Hinweis angebracht, dass es ein Ding ist, das Hauptsein Christi in der Theorie anzuerkennen, aber etwas ganz anderes, dies auch wirklich zu praktizieren. Es gibt manche, die bereit sind, ihren letzten Tropfen Bluts für die Wahrheit von Christus als dem Haupt zu vergießen, und die sie doch in der Tat verleugnen, indem sie praktisch als Diktatoren in der Gemeinde herrschen. Ein Mann oder eine Gruppe von Männern braucht nicht unbedingt einen offiziellen Titel oder eine spezielle Bezeichnung zu tragen, um dennoch in einer Gemeinde rücksichtslos zu herrschen. Diotrephes ist dafür ein Beispiel (3Jo 9.10). Er wollte gern der Erste sein und redete mit bösen Worten gegen Männer Gottes wie Johannes. Er wollte solche Männer nicht aufnehmen und wehrte auch denen, die es wollten und stieß sie aus der Gemeinde. Dies war eine eindeutige Verleugnung von Christus als Haupt.

2.4. Vielleicht sollen wir noch ein Wort über die Zentrale, den Verwaltungssitz einer Gemeinde hinzufügen. Das Wort »Zentrale« spricht vom Zentrum der Aktivitäten und der Autorität. Die Zentrale der Gemeinde ist dort, wo ihr Haupt ist, nämlich im Himmel. Eine örtliche Gemeinde kann nicht, ohne dem Neuen Testament zu widersprechen, eine beherrschende Organisation wie eine Synode, ein Presbyterium oder einen Rat anerkennen, durch welche eine einzelne oder mehrere Gemeinden beherrscht und geleitet werden. Jede Gemeinde ist unmittelbar dem Haupt der Gemeinde verantwortlich und sollte nichts **sein** oder **tun,** was dieser Wahrheit widersprechen könnte.

Kapitel 5
Aufnahmekriterien der Gemeinde

Wie bereits erwähnt, ist eine dritte wichtige Wahrheit in Verbindung mit der Gemeinde:

3. Alle Gläubigen sind Glieder des Leibes

Es ist Pflicht der Gemeinde, dieser Wahrheit mit Sorgfalt und Treue Ausdruck zu geben. Nichts in ihrer Lehre oder Praxis sollte die Einheit aller Christen verleugnen. Wenn wir uns fragen, wie die örtliche Gemeinde diese Einheit bezeugen kann, werden wir uns mit den Grundsätzen beschäftigen müssen, denen sie bei der Aufnahme anderer in ihre Gemeinschaft folgt. Dieser Gegenstand, gelegentlich als »Aufnahmekriterien« oder »Zulassungsprinzipien« bezeichnet, umfasst einige Grundsätze, die wie folgt zusammengefasst werden können:

3.1. Der allgemeine Grundsatz ist, dass die Gemeinde alle diejenigen aufnehmen sollte, die Christus aufgenommen hat. »Deshalb nehmet einander auf, wie auch der Christus euch aufgenommen hat, zu Gottes Herrlichkeit« (Röm 15,7). Die Grundlage echter Gemeinschaft ist die Tatsache, dass jemand bereits in den Leib Christi aufgenommen worden ist. Die örtliche Gemeinde gibt dieser Tatsache lediglich sichtbaren Ausdruck, indem sie einen solchen in ihrer Mitte willkommen heißt.

3.2. Jedoch ist auch diese Regel nicht ohne Ausnahme. Es gibt drei zusätzliche Kriterien, die aus den Lehren des Neuen Testaments hervorgehen:
3.2.1. Die aufzunehmende Person muss heilig in ihrem Wandel sein (1Kor 5,11; 10,21). Ganz offensichtlich würde die Aufnahme eines Unzüchtigen, eines Habsüchtigen, eines

Götzendieners, eines Lästerers, eines Trunkenboldes oder eines Räubers einer sehr verzerrten Darstellung des heiligen Charakters der Gemeinde entsprechen.

3.2.2. Eng damit verbunden ist die Tatsache, dass es äußerst unangebracht wäre, jemanden aufzunehmen, der gerade unter der Zucht einer anderen örtlichen Gemeinde steht (1Kor 5,13). Dies käme einer Verleugnung der Einheit des Leibes Christi gleich (Eph 4,4). Ehe ein Ausgeschlossener nicht wieder zur Gemeinschaft mit dem Herrn und seinem Volk wiederhergestellt ist, wird er als Heide und Zöllner betrachtet (Mt 18,17).

3.2.3. Schließlich muss der Aufzunehmende gesund sein in der Lehre des Christus (2Jo 10). »Wenn jemand zu euch kommt und diese Lehre nicht bringt, so nehmt ihn nicht ins Haus auf und grüßt ihn nicht.« Hier taucht natürlich die Frage auf, was in der Lehre des Christus alles eingeschlossen ist. Der Ausdruck wird in dieser Schriftstelle nicht erklärt, aber wir meinen, dass die Lehre des Christus die großen Wahrheiten über seine Person und sein Werk umfasst, nämlich seine Gottheit, seine Geburt aus der Jungfrau, sein sündloses Leben, sein stellvertretender Sühnetod, sein Begräbnis, seine Auferstehung und Himmelfahrt sowie seine Wiederkunft.

Zusammenfassend können wir also sagen, dass die örtliche Gemeinde alle wiedergeborenen Gläubigen in ihre Gemeinschaft aufnehmen soll, die heilig sind in ihrem Wandel, nicht unter der Zucht einer anderen Gemeinde stehen und gesund in der Lehre sind.

3.3. Doch gibt uns die Schrift noch einige andere hilfreiche Anweisungen bezüglich der Aufnahme. Die örtliche Gemeinde sollte:

3.3.1. **Den Schwachen im Glauben aufnehmen** (Röm 14,1). Dies bezieht sich auf einen Christen, der ein überängstliches Gewissen in Dingen hat, die nicht von grundsätzlicher moralischer Bedeutung sind. Die Tatsache, dass er ein Vegetarier ist, sollte ihn beispielsweise nicht ausschließen. '

3.3.2. Ohne Ansehen der Person aufnehmen (Jak 2,1-5).
Die Bibel warnt uns davor, die Reichen besonders zu hofieren und die Armen zu verachten. Dies bezieht sich auch auf
Rasse, gesellschaftliches Niveau oder Kultur. Jede Art von
Diskriminierung ist unchristlich.

**3.3.3. Auf der Basis des Lebens, nicht des Lichtes (der
Erkenntnis) aufnehmen** (Apg 9,26-28). Gemeinschaft
hängt nicht davon ab, wieviel jemand weiß, sondern von der
Person, die er kennt und bekennt. So wurde Apollos z.B. in
Ephesus aufgenommen, obwohl sein Wissen noch ziemlich
mangelhaft war (Apg 18,24-28).

3.3.4. Auf der Basis des Lebens, nicht von Riten aufnehmen. Nirgendwo wird von der Taufe gesagt, dass sie die
Tür zur Versammlung ist. Obwohl es wahr ist, dass alle
Gläubigen getauft werden sollen (Mt 28,19), sind wir doch
in dem Augenblick über das Wort hinausgegangen, in dem
wir sagen, dass jemand getauft werden **muss,** um in
Gemeinschaft aufgenommen zu werden.

3.3.5. Auf der Basis des Lebens, nicht des Dienstes aufnehmen. Es ist noch kein Grund, einem Christen die Gemeinschaft der örtlichen Gemeinde zu verwehren, nur weil
wir vielleicht mit seiner Sphäre des Dienstes nicht einverstanden sind. In Lukas 9,53 lesen wir, dass die Samariter den
Herrn Jesus nicht aufnahmen, weil sein Angesicht nach
Jerusalem hin gerichtet war. Sie waren von einem sektiererischen Geist und nicht von göttlichen Grundsätzen motiviert.

**3.3.6. Jemanden trotz allem aufnehmen, was er vor
seiner Errettung vielleicht gewesen ist.** Paulus war ein
Verfolger gewesen, aber er wurde ohne Rücksicht auf seine
bisherige Lebensgeschichte aufgenommen (Apg 9,27.28).
Onesimus war ein Dieb gewesen, aber Paulus ermahnt Philemon, ihn aufzunehmen (Phim 12.15.17). Wenn die Tore
einer Gemeinde für bekehrte Trinker, Spieler oder sonstige
Ausgestoßene verschlossen sind, so hat sie ihren wahren
Charakter verloren und ist zu einem Gesellschaftsclub
geworden.

3.3.7. **An den Herrn Jesus Gläubige mit Freude aufnehmen** (Phil 2,29). In einem sehr realen Sinn ist die Art, in der wir das schwächste Glied seines Leibes behandeln, genau die Art, in der wir den Herrn selbst behandeln. »Wenn ihr es einem der geringsten dieser meiner Brüder getan habt, habt ihr es mir getan« (Mt 25,40).

3.4. Nun erhebt sich zweifellos die Frage: »Wie kann eine Gemeinde wissen, ob jemand wirklich errettet ist, und deshalb für die Gemeinschaft infrage kommt?« Wir wollen mindestens fünf mögliche Vorgehensweisen nennen:

3.4.1. **Die Verwendung von Empfehlungsbriefen** (Röm 16,1). Ein Christ, der von einer Gemeinde zu einer anderen reist, kann beträchtliche Schwierigkeiten und Enttäuschungen vermeiden, wenn er einen Brief von seiner Heimatversammlung mitführt, der von seinem Glauben und Wandel Zeugnis ablegt.

3.4.2. **Die Aussage von zwei oder drei Zeugen** (Mt 18,16). Wenn jemand zwei oder mehr Christen in einer örtlichen Gemeinde bekannt ist, kann die Gemeinde ihn auf ihre Empfehlung hin aufnehmen.

3.4.3. **Das Zeugnis von nur einer Person, die aber das Vertrauen der Versammlung hat.** Paulus empfahl Phöbe den Heiligen in Rom (Röm 16,1) und Epaphroditus der Gemeinde in Philippi (Phil 2,28-30).

3.4.4. **Jemandes eigener Ruf als Diener Christi** (2Kor 3,1-3). Paulus beantwortet hier die Frage nach der Notwendigkeit eines Empfehlungsbriefs an die Gemeinde in Korinth für sich selbst negativ, da er ihnen ja als Apostel Jesu Christi wohlbekannt war.

3.4.5. **Die sorgfältige Untersuchung und Nachforschung der Gemeinde selbst.** Dies heißt, dass eine Gemeinde, vielleicht durch die Ältesten, jemanden über seinen Glauben an Christus usw. befragen kann, indem sie von ihm Rechenschaft über den Glauben in ihm fordert (1Petr 3,15).

Sie können ihn dann aufnehmen, wenn genügend sichergestellt ist, dass er Christus angehört.

3.5. Ehe wir diesen Abschnitt über Aufnahme beenden,
möchten wir noch **drei Fragen** betrachten, die gewöhnlich
in Verbindung mit diesem Gegenstand auftauchen.

3.5.1. **Hat die Gemeinde überhaupt ein Recht, einen
Menschen zu beurteilen, ob er gerettet ist oder nicht?** Die
Antwort ist, dass dies nicht nur ein Recht, sondern sogar eine
heilige Pflicht ist. Da es den Christen untersagt ist, Gemeinschaft mit Ungläubigen zu haben (2Kor 6,14.17), ist es
offensichtlich, dass sie jedes brauchbare Mittel einsetzen
müssen, um den geistlichen Zustand derer beurteilen zu
können, die einen Platz inmitten des Volkes Gottes einnehmen möchten.

3.5.2. **Angenommen eine Gemeinde nimmt jemand
auf, der anschließend Irrlehren in der Gemeinde verkündigt?** Dann sollten seine Lehren anhand des Wortes
Gottes öffentlich als Irrlehren widerlegt werden (1Tim 5,20).
Die neutestamentliche Gemeinde kann nur in einer Atmosphäre der offenen Bibel funktionieren. Sie sollte im Wort
gegründete und dem Herrn hingegebene Älteste haben, die
Irrlehren bloßstellen und den Glauben verteidigen können
(Tit 1,9).

3.5.3. **Angenommen eine örtliche Gemeinde nimmt
jemand auf, der anschließend entweder nur unregel-
mäßig zu den Zusammenkünften erscheint oder überhaupt nicht mehr wiederkommt?** Zuerst sollte betont werden, dass Gemeinschaft bedeutet, dass man etwas gemeinsam hat oder teilt. Die, die in Gemeinschaft sind, sollten
auch am Leben der Gemeinde teilnehmen, indem sie ihren
Anteil an Verantwortung tragen und an der mit allem verbundenen Arbeit teilhaben. Genaugenommen ist jemand, der
nur einen Gottesdienst pro Woche besucht, eigentlich gar
nicht in Gemeinschaft.

Was jemand betrifft, der aufgenommen wurde, aber nie mehr zurückkehrt, so ist er selbst verantwortlich. Die Gemeinde hat die Pflicht, ihm eine getreue und geistliche Darstellung der Gemeinde zu präsentieren. Dann trägt er die Verantwortung, der Wahrheit zu gehorchen.

Natürlich ist dieses Thema der Aufnahme in die Gemeinde ziemlich kompliziert, und wir konnten nur einige der wichtigeren Aspekte berühren. Im Bewusstsein der Unvollständigkeit unserer Behandlung dieses Gegenstandes gehen wir weiter zum nächsten großen Punkt.

Kapitel 6
Der Heilige Geist in der Gemeinde

Viertens sollte die örtliche Gemeinde in Lehre und Praxis die lebenswichtige Wahrheit aufrechterhalten:

4. Der Heilige Geist ist der Stellvertreter Christi in der Gemeinde

Dies scheint sich auf den ersten Blick mit der bereits besprochenen Lehre, dass Christus das Haupt der Gemeinde ist, zu überschneiden oder ihr gar zu widersprechen. Jedoch sind beide Aussagen wahr. Christus ist das Haupt der Gemeinde, aber er hat den Heiligen Geist beauftragt, sein Stellvertreter oder Sachwalter auf der Erde zu sein. Deshalb ist jede örtliche Gemeinde verpflichtet, dem Geist Gottes den ihm gebührenden Platz einzuräumen.

Wie geschieht das praktisch?

4.1. Zuerst sollte die Gemeinde **seine Leitung** in all ihren Angelegenheiten **suchen**, ob sie nun

4.1.1. eine Örtlichkeit, einen Raum für ihr öffentliches Zeugnis sucht,

4.1.2. über die Arten der zu haltenden Zusammenkünfte entscheidet,

4.1.3. sich über die menschlichen Werkzeuge klar werden möchte, die sich beim Dienst am Wort gebrauchen lassen sollen,

4.1.4. über die Verteilung der eingegangenen Gaben befindet,

4.1.5. gottgemäße Zucht ausführen möchte, usw.

4.2. Zweitens sollte die örtliche Gemeinde ständig **die Souveränität des Geistes anerkennen**. Damit meinen wir, dass er handeln kann, wie es ihm gefällt. Er wird nicht immer alles in exakt der gleichen Weise tun, obwohl er niemals im Widerspruch zu Gottes Wort handeln wird. Schon die in der Schrift verwendeten Symbole für den Geist Feuer, Öl, Wasser, Wind - sprechen von etwas Fließendem, von einem nicht vorherbestimmbaren Verhalten. Deshalb werden weise Christen flexibel genug sein, ihm dieses göttliche Vorrecht zu lassen.

So war es in der Urgemeinde, aber bald schon fühlten sich manche unbehaglich bei den Zusammenkünften, die »frei und gesellig, mit einem Minimum an äußerer Form« abliefen. Binnen kurzem wurden Beschränkungen auferlegt und Formalismus und Ritualismus beherrschten die Szene. So wurde der Heilige Geist gedämpft, und die Gemeinde verlor ihre Kraft.

Diese Verlagerung von der Freiheit des Geistes zu menschlicher Herrschaft wird von James Denney mit bewegenden und eindrücklichen Worten beschrieben. Obgleich seine Ausführungen relativ lang sind, wird der Leser doch feststellen, dass sich ein sorgfältiges Studium reichlich lohnt. In einem Kommentar über den Vers »den Geist dämpft nicht« sagt er:

»Als an Pfingsten der Heilige Geist auf die Gemeinde kam, erschienen ihnen zerteilte Zungen, wie von Feuer; und es setzte sich auf jeden einzelnen von ihnen«; und ihre Lippen wurden aufgetan, um die Großtaten Gottes zu verkündigen. Ein Mensch, der diese große Gabe empfangen hat, wird als brennend - wörtlich »kochend, siedend« - im Geist beschrieben. Die Neue Geburt war in diesen Tagen **wirklich** eine neue Geburt: sie entflammte in der Seele Gedanken und Gefühle, die ihr bisher fremd gewesen waren; sie brachte das Bewusstsein neuer Fähigkeiten mit sich, eine neue Schau Gottes, eine neue Liebe zur Heiligkeit, eine neue Einsicht in die Heilige Schrift und den Sinn des menschlichen Lebens, oft auch eine neue Fähigkeit zu glühender, leidenschaftlicher Rede. Im ersten Korintherbrief beschreibt Paulus eine solche ursprüngliche christliche Gemeinde. Da war keiner unter ihnen, der geschwiegen hätte. Wenn sie zusammenkamen, so hatte jeder einen Beitrag bereit: einen Psalm, eine Offenbarung, eine Weissagung oder eine Auslegung. Die Offenbarung des Geistes war einem jeden zum gemeinsamen Nutzen gegeben, und allenthalben wartete das Feuer des Geistes darauf, hervorzuflammen. Die Bekehrung zum christlichen Glauben, die Annahme des von den Aposteln gepredigten Evangeliums war nicht etwas, das in den Menschen nur eine unbedeutende Änderung hervorrief: Es wälzte ihr ganzes Wesen bis in seine tiefsten Tiefen um; sie waren nie mehr dieselben, sie waren neue Geschöpfe, mit neuem Leben in ihnen, ganz Feuer und Flamme.

Ein der Natur, im gewöhnlichen Sinn des Wortes, so wenig entsprechender Zustand, brachte natürlich auch seine Probleme mit sich. Der Christ, auch wenn er die Gabe des Heiligen Geistes empfangen hatte, war immer noch ein Mensch; und dazu höchstwahrscheinlich ein Mensch, der mit jeder Art von Eitelkeit, Torheit, Ehrgeiz und Selbstsucht zu kämpfen hatte. Seine Begeisterung schien auf den ersten Blick seine natürlichen Fehler vielleicht sogar eher zu verstärken als zu vermindern. Vielleicht trieb sie ihn zu reden - denn in der Urgemeinde durfte grundsätzlich jeder reden - wenn es vielleicht für ihn auch besser gewesen wäre zu schweigen. Sie verleitete ihn vielleicht dazu, plötzlich ein Gebet oder einen Lobpreis oder eine Ermahnung auszusprechen, und zwar in einer Art, die die Weisen in der Gemeinde zum Seufzen brachte. Und aus diesen Gründen waren die Weisen - oder die, die sich dafür hielten - natürlich geneigt, die Ausübung geistlicher Gaben stark zu bremsen. »Halte dich zurück«, sagten sie vielleicht zu dem Mann, dessen Herz in seinem Innern brannte, und dem es keine Ruhe ließ, bis das Feuer herausflammen konnte. »Halte dich zurück, übe dich ein wenig in Selbstdisziplin. Es ist einem vernunftbegabten Wesen ungeziemend, sich dergestalt fortreißen zu lassen!«

Zweifellos waren derartige Situationen in der Gemeinde zu Thessalonich an der Tagesordnung. Sie entstehen unvermeidlich aus dem Unterschied in Alter und Temperament. Die Älteren und die Phlegmatiker sind ein natürliches, und zweifellos gottgewolltes Gegengewicht zu den Jüngeren und den Sanguinikern. Aber die Weisheit, die aus Erfahrung und Temperament kommt, hat auch ihre Nachteile im Vergleich mit dem Brennen im Geist. Sie ist kalt und wenig begeisterungsfähig; sie kann sich nicht selbst fortpflanzen, sie kann nichts entflammen und sich nicht ausbreiten. Und weil ihr diese Unfähigkeit, Menschenseelen in Begeisterung zu entflammen, eigen ist, so darf sie auf keinen Fall kaltes Wasser auf eine solche Begeisterung gießen, wenn sie in feurigen Worten hervorbricht. Das ist die Bedeutung von »den Geist löschet nicht aus«. Dieses Gebot setzt voraus, dass der Heilige Geist ausgelöscht werden kann. Kühle Blicke, verächtliche Worte, Schweigen, gespielte Gleichgültigkeit, alles das trägt dazu bei, ihn auszulöschen, ebenso natürlich Kritik ohne echtes Mitgefühl.

Jeder weiß, dass ein Feuer am meisten Rauch entwickelt, wenn es frisch angezündet ist; aber um den Rauch loszuwerden, hat es keinen Sinn, kaltes Wasser auf das Feuer zu gießen, sondern man muss ihm Zeit geben, bis es sich klarbrennen kann. Wenn wir weise genug sind, können wir ihm beim Klarbrennen sogar helfen, indem wir vielleicht das Brennmaterial neu ordnen oder für einen besseren Zug sorgen. Aber das Beste, was die meisten von uns tun können, ist sicher, das Feuer sich selbst zu überlassen, wenn es einmal entflammt ist. Und das ist auch das Klügste für die meisten von uns, wenn wir einem Nachfolger begegnen, dessen Eifer feuergleich brennt. Sehr wahrscheinlich tut der Rauch unseren Augen weh, aber bald wird er verschwinden, und bis dahin können wir ihn ruhig ertragen - um der Wärme willen. Denn dieses Gebot des Apostels setzt voraus, dass Brennen im Geist, die echte Begeisterung eines Christen für das Gute eigentlich die beste Sache der Welt ist. Vielleicht ist sie unbeholfen und unerfahren, wird sie noch viele Fehler machen, ist sie noch wunderbar blind für all die Beschränkungen, die der Ernst des Lebens den hochfliegenden Hoffnungen der Menschen auferlegt: aber sie ist von Gott, sie ist expansiv, sie ist ansteckend, sie ist als geistliche Kraft mehr wert als alle Weisheit in der Welt.

Ich habe verschiedene Arten angedeutet, in denen der Geist ausgelöscht werden kann. Es ist traurig zu bedenken, dass aus einem bestimmten Gesichtspunkt die Geschichte der Kirche eine lange Reihe von Übertretungen dieses Gebotes ist, denen eine ebenso lange Reihe von Rebellionen des Geistes gegen diese Übertretungen gegenübersteht. »Wo der Geist des Herrn ist«, sagt uns der Apostel an anderer Stelle, »da ist Freiheit«. Aber Freiheit in einer Gesellschaft hat auch ihre Gefahren. Sie steht in gewissem Sinn auf Kriegsfuß mit der Ordnung, und die Wächter dieser Ordnung sind im allgemeinen nicht sehr geneigt, zu nachsichtig mit ihr umzugehen. So kam es, dass schon sehr früh in der Kirchengeschichte im Interesse der Aufrechterhaltung der Ordnung die Freiheit des Geistes in der Gemeinde summarisch unterdrückt wurde. »Die Gabe der Regierung«, wurde einmal gesagt, »gleicht dem Stab Aarons und neigt dazu, die anderen Gaben zu verschlingen«. Die Führer in der Gemeinde wurden zu einer von ihnen »gewöhnlichen« Gliedern völlig getrennten Klasse, und jede Ausübung geistlicher Gaben zur Auferbauung der Gemeinde wurde ausschließlich auf sie beschränkt. Aber damit nicht genug: Man entwickelte den monströsen Gedanken und lehrte ihn als Dogma, dass sie allein die Verwahrer, oder, wie manchmal gesagt wird, die Wächter der Gnade und Wahrheit des Evangeliums seien; ausschließlich durch sie könnten die Menschen in Berührung mit dem Heiligen Geist kommen. Das heißt auf gut Deutsch, dass der Heilige Geist ausgelöscht wurde, wenn die Christen zum Gottesdienst zusammenkamen. Ein großer Feuerlöscher wurde auf die Flamme angesetzt, die in den Herzen der Geschwister brannte. Sie durfte sich nicht zeigen, sie durfte die Ehrbarkeit und Ordnung des Gottesdienstes nicht durch plötzliche Ausbrüche von Lobpreis oder Gebet oder brennender Ermahnung stören ... Und dies war der Zustand, zu dem der christliche Gottesdienst schon zu einer sehr frühen

Zeit reduziert wurde, und dies ist leider auch der Zustand, in dem er sich zum weitaus größten Teil im Augenblick befindet. Denken wir vielleicht, dass wir damit etwas gewonnen haben? Ich meine nicht. Es kamen immer wieder Zeiten, wo dieser Zustand unerträglich wurde. Die Montanisten des zweiten Jahrhunderts, die häretischen Sekten des Mittelalters, die Independenten und Quäker in England, die Laienprediger im Methodismus, die Heilsarmee, die Brüderbewegung, die evangelistischen Gruppen unserer Tage - alle diese sind in verschiedenem Grad der Protest des Geistes, und sein rechtmäßiger und notwendiger Protest gegen die angemaßte Autorität, die ihn immer wieder auslöschte, und dadurch die Kirche verarmen ließ.[1]

4.3. Die Gemeinde sollte deshalb also **dem Heiligen Geist nie Handschellen anzulegen versuchen**, weder mit unbiblischen Vorschriften, noch mit einem stereotypen Programm, festgelegten Riten oder Liturgien. Wie wird er wohl oft betrübt sein durch ein verknöchertes Verständnis, dass z.B. eine Zusammenkunft zu einer gewissen Zeit beendet sein muss, oder dass ein Gottesdienst immer einer bestimmten Routine folgen muss, oder dass ein Dienst während gewisser Phasen eines Gottesdienstes völlig unakzeptabel ist! Derartige Regeln können zu leicht zu einem Verlust an geistlicher Kraft führen.

4.4. Wir tun gut daran, hier einmal innezuhalten und uns zu fragen, wie es wohl in unseren örtlichen Gemeinden aussehen würde, wenn wir wirklich vom Heiligen Geist als unserem alleinigen Führer abhängen würden. C. H. Mackintosh gibt eine lebendige Beschreibung einer solchen Idealsituation, und wir geben sie hier wieder:

»Wir haben nur eine schwache Vorstellung davon, was eine Versammlung wäre, wenn jeder einzelne deutlich vom Heiligen Geist geleitet und allein zum Namen des Herrn Jesus versammelt wäre. Dann würden wir uns nicht über

trockene, zähe, wenig erbauliche, ermüdende Zusammenkünfte zu beklagen haben. Wir brauchten uns nicht zu fürchten vor dem profanen Eindringen des Fleisches und seiner
geschäftigen Wirksamkeit: Es gäbe kein ›gemachtes‹ Gebet,
kein Reden um des Redens willen, kein Liederbuch würde
ergriffen, nur um eine peinliche Pause zu füllen. Jeder einzelne würde seinen Platz kennen in der unmittelbaren
Gegenwart des Herrn, jedes begabte Gefäß würde von der
Hand des Meisters gefüllt, geformt und gebraucht werden,
jedes Auge wäre auf den Herrn Jesus gerichtet, jedes Herz
mit ihm beschäftigt. Wenn ein Kapitel gelesen würde, wäre
es die Stimme Gottes selbst. Wenn ein Wort weitergegeben
würde, würde es mit Kraft in das Herz eindringen. Wenn
Gebet dargebracht würde, würde es die Seele unmittelbar in
die Gegenwart Gottes führen. Wenn ein Lied gesungen
würde, würde es den Geist zu Gott erheben und gleich sein
dem Saitenspiel der himmlischen Harfe. Es würde uns vorkommen, als wären wir im Heiligtum Gottes selbst, und wir
empfänden einen Vorgeschmack jener Zeit, wenn wir in den
Höfen des Himmels anbeten und nie mehr hinausgehen werden.«[2]

Anmerkungen:

1) James Denney, »The Epistel to the Thessalonians« in: The Expositor's
Bible, London (Hodder and Stoughton), 1902, Seiten 233-238

2) C. H. Mackintosh, »The Assembly of God« in: Miscellaneous Writings,
New York (Loizeaux Brothers), Bd. 3, Seite 36

Kapitel 7
Zucht in der Gemeinde

Wenn eine örtliche Gemeinde ein möglichst exaktes Modell der Gemeinde Gottes sein soll, muss sie eine fünfte lebenswichtige Wahrheit darstellen, nämlich:

5. Die Gemeinde Gottes ist heilig

Wie kann sie dies praktisch verwirklichen?

5.1. Zuerst natürlich durch das **gottesfürchtige Leben derer, die zu ihr gehören**. Dies ist fundamental. Gott will praktische Heiligung (1Thes 4,3). Dies ist auch der Grund, warum Wahrheiten über die Gemeinde nicht als isolierte und getrennte Zusammenfassung an irgendeiner bestimmten Stelle des Neuen Testaments aufgeführt sind. Man findet sie vielmehr an vielen verschiedenen Orten, durchzogen von praktischen Anweisungen für ein heiliges Leben als Christ. Der Herr will nicht einfach ein Volk haben, das in seinem Gemeindeleben nur äußerlich richtig liegt, sondern dessen Leben ein lebendiges Zeugnis für die Wahrheit ist.

5.2. Zu diesem Zweck sollte die örtliche Gemeinde für eine **umfassende gesunde Ernährung mit biblischer Lehre** sorgen. Die Unterweisung sollte nicht aus einzelnen Häppchen von hier und da bestehen, sondern aus fortlaufender, systematischer Lehre des ganzen Wortes Gottes. Nur auf diese Weise werden die Heiligen das *ganze* Wort aufnehmen, und zwar in dem *Gleichgewicht*, in dem Gott es uns gegeben hat.

5.3. Obwohl gesunde und systematische Belehrung auch einen eindeutigen Verhütungseffekt hat, was die Sünde in der Gemeinde betrifft, wird doch für jede örtliche Gemeinde gelegentlich eine Situation entstehen, in der eine **Zucht-**

handlung unumgänglich ist. Wann immer Sünde eindringt und den Frieden in der Gemeinde oder ihr Zeugnis in der Umgebung bedroht, muss gehandelt werden. »Das Gericht muss anfangen beim Haus Gottes« (1Petr 4,17).

5.4. Eine Zuchthandlung hat zwei Hauptzwecke:

5.4.1. Namenschristen, die in Wirklichkeit nicht wiedergeboren sind, zu entlarven und aus der Gemeinschaft hinauszutun - d. h. Menschen, wie sie in 1. Johannes 2,19 beschrieben werden.

5.4.2. Einem auf einem Irrweg befindlichen Gläubigen die Rechte der Gemeinschaft zu entziehen, so dass der Verlust empfunden, Reue bewirkt und schließlich seine Wiederherstellung zur Gemeinschaft mit dem Herrn und der örtlichen Gemeinde zustande kommt. Zucht an Christen ist niemals Selbstzweck. Sie muss immer Mittel zur geistlichen Wiederherstellung sein.

5.5. Wie die folgende Liste zeigt, werden im Neuen Testament verschiedene Grade von Zucht beschrieben.

5.5.1. Im Fall eines Bruders, der gegen einen anderen sündigt, sollte man sich zuerst mit ihm **persönlich unter vier Augen beschäftigen**. Wenn er nicht hört, dann sollten noch ein oder zwei weitere Personen mit einbezogen werden. Wenn auch diese Ermahnung unter Zeugen zu keinem Ergebnis führt, dann muss er vor die Gemeinde gebracht werden. Bleibt auch diese Handlung erfolglos, dann soll er wie ein Heide und Zöllner angesehen werden (Mt 18,15-17).

5.5.2. Eine andere Form von Zucht ist **Zurechtweisung** (1Thes 5,14). Sie wird im Fall eines Bruders angewandt, der unordentlich ist, d.h. der sich denen, die ihm im Herrn vorstehen, unterzuordnen weigert.

5.5.3. Dann lesen wir von zwei Arten von Menschen, von denen wir uns **abwenden** und **keinen Umgang mit ihnen haben** sollen, und zwar von einem Unordentlichen (2Thes 3,11.14.15), und einem, der Zwiespalt anrichtet (Röm

16,17). Der Unordentliche hier ist jemand, der nicht arbeiten will, während der andere jemand ist, der Zwiespalt unter dem Volk Gottes anrichtet, um eine Partei um sich zu sammeln und materiell zu profitieren.

5.5.4. Ein Sektierer sollte nach der ersten und zweiten Zurechtweisung **abgewiesen** werden (Tit 3,10). (Es bleibt die Frage, ob dies eine weniger strenge Form der Zucht ist oder ob sie auf einen Ausschluss hinausläuft.)

5.5.5. Dann gibt es die äußerste Form der Zucht - den **Ausschluss aus der Gemeinde** (1Kor 5,11.13). Er ist einem Unzüchtigen, Habsüchtigen, Götzendiener, Lästerer, Trunkenbold und Räuber vorbehalten.

5.6. Ein wichtiger Aspekt in der Frage der Zucht ist, dass sichergestellt wird, dass man in jedem Fall objektiv **auf der Grundlage zuverlässiger Beweise** vorgeht. Die hier zutreffenden Grundsätze sind in der folgenden Zusammenfassung deutlich dargestellt:

Wir sollten niemals zulassen, dass wir uns ohne die Aussagen von zwei oder drei Zeugen ein Urteil bilden, geschweige denn es aussprechen oder gar danach handeln. Wie vertrauenswürdig oder moralisch zuverlässig ein einzelner Zeuge auch sein mag, so ist seine Aussage allein doch noch keine ausreichende Grundlage für eine Schlussfolgerung. Vielleicht sind wir innerlich überzeugt, dass die Sache wahr ist, weil sie von einem behauptet wurde, zu dem wir Vertrauen haben; aber Gott ist weiser als wir. Es kann sein, dass der eine Zeuge durch und durch aufrichtig und wahrhaftig ist, dass er um alles in der Welt nicht eine Unwahrheit erzählen oder falsches Zeugnis gegen jemand ablegen würde. All das mag wahr sein, aber wir müssen uns an die göttliche Regel halten: »Aus zweier oder dreier Zeugen Mund wird jede Sache bestätigt werden.«

Es wäre sehr zu wünschen, dass man sich in der Versammlung Gottes mehr daran hielte! Der Wert dieses Grundsatzes in allen Fragen der Zucht, in allen Fragen betreffend den Charakter oder den Ruf einer Person ist einfach unermesslich. Bevor eine Versammlung je zu einem Schluss kommt oder aufgrund eines Urteils in einem beliebigen Fall handelt, sollte sie auf ausreichenden Beweisen bestehen. Wenn solche nicht vorhanden sind, dann sollten alle auf Gott warten - und zwar geduldig und vertrauensvoll, und er wird sicherlich offenbar machen, was nötig ist.

Wenn zum Beispiel moralisch Böses oder lehrmäßiger Irrtum in einer Versammlung von Christen vorhanden, aber nur einem bekannt ist, und dieser eine ist vollkommen sicher - tief und völlig von der Tatsache überzeugt: Was ist dann zu tun? Man muss auf Gott warten, bis weiteres Zeugnis vorliegt. Ohne dieses Zeugnis zu handeln, hieße einen göttlichen Grundsatz zu verletzen, der mit der größtmöglichen Klarheit wieder und wieder in Gottes Wort niedergelegt ist. Soll sich der eine Zeuge verletzt oder gekränkt fühlen, weil man aufgrund seines Zeugnisses nicht handelt? Gewiss nicht! Im Gegenteil, er sollte so etwas gar nicht erwarten, ja, er sollte erst als Zeuge auftreten, bis er seine Aussage durch das Zeugnis eines oder mehrerer anderer bekräftigen kann. Soll man die Versammlung als nachlässig oder gleichgültig ansehen, weil sie sich weigert, aufgrund der Aussage eines einzelnen Zeugen zu handeln? Nein, sie würde einem Gebot Gottes direkt ins Gesicht schlagen, wenn sie so handeln würde.

Und halten wir uns im Gedächtnis, dass dieser große praktische Grundsatz in seiner Anwendung nicht auf Zuchtfälle oder Fragen in Verbindung mit einer Versammlung des Volkes Gottes beschränkt ist; er ist von universeller Bedeutung. Wir sollten es uns niemals erlauben, uns ein Urteil zu bilden oder eine Schlussfolgerung zu ziehen ohne das göttlich festgelegte Maß an Beweisen; wenn sie nicht vorhanden sind, und es dennoch nötig ist, dass wir uns in dem Fall ein Urteil bilden, so wird Gott zu seiner Zeit die nötigen Beweise liefern. Wir kennen einen Fall, wo ein Mann deswegen fälschlich angeklagt wurde, weil der Ankläger seinen

Vorwurf auf den Beweis eines seiner Sinne aufgebaut hatte; hätte er sich die Mühe gemacht, das Zeugnis eines oder zweier weiterer seiner Sinne anzuhören, hätte er die Anklage nicht erhoben.[1]

5.7. Ein anderer wichtiger Aspekt dieses Gegenstandes, der unsere sorgfältige Beachtung verdient, ist die **Art und Weise**, in der Zucht ausgeübt wird.

5.7.1. Sie sollte **im Geist der Sanftmut** ausgeführt werden, indem wir auf uns selbst achtgeben, dass nicht auch wir versucht werden (Gal 6,1).

5.7.2. Sie muss absolut **unparteiisch** sein. Die Tatsache, dass ein Beschuldigter mit uns beispielsweise durch natürliche Bande verbunden ist, sollte unsere Entscheidung in der Sache in keiner Weise beeinflussen. Es darf nicht nach Ansehen der Person geurteilt werden (5Mo 1,17; Jak 2,1).

5.7.3. Im Fall eines Ausschlusses muss es **die Handlung der Gemeinde** sein, und nicht irgendeiner Einzelperson (2Kor 2,6). Wir zitieren wieder C. H. Mackintosh, der die innere Haltung beschreibt, in welcher diese Form der Zucht ausgeführt werden sollte:

»Nichts wohl ist ernster oder bewegender als die Handlung des Wegtuns einer Person vom Tisch des Herrn. Es ist die letzte traurige und unvermeidliche Handlung der ganzen Versammlung und sollte **mit zerbrochenem Herzen und weinendem Auge** durchgeführt werden. Aber wie oft ist es leider anders! Wie oft nimmt diese ernste und heilige Pflicht die Form einer bloßen öffentlichen Ankündigung an, dass die und die Person nicht mehr in Gemeinschaft ist. Müssen wir uns da noch wundern, dass eine derartig ausgeführte Zucht nicht in der Lage ist, mit göttlicher Kraft zum Herzen des Irregehenden oder zur Versammlung zu reden?

Wie sollte dann Zucht durchgeführt werden? Genauso wie uns 1. Korinther 5 anweist. Wenn der Fall so offensichtlich und so klar ist, dass alle Gespräche und Überlegungen ein Ende gefunden haben, sollte die ganze Versammlung zu diesem speziellen Zweck zusammengerufen werden - denn zweifellos ist dies von genügendem Ernst und Wichtigkeit, eine **besondere Zusammenkunft** zu rechtfertigen. Alle sollten, wenn irgend möglich, daran teilnehmen und um Gnade suchen, die Sünde zu ihrer eigenen machen zu können, sich vor Gott in **echtem Selbstgericht** beugen und das Sündopfer essen. Die Versammlung ist nicht dazu aufgerufen, zu überlegen und zu diskutieren. Die, die die Interessen Christi und seiner Versammlung besonders auf dem Herzen tragen, sollten den Fall gründlich erforschen und alle Tatsachen zusammentragen. Und wenn alles gründlich geklärt und die Beweise eindeutig und schlüssig sind, dann ist die Versammlung aufgerufen, in tiefem Schmerz und Demütigung die traurige Handlung des Hinaustuns des Bösen aus ihrer Mitte zu vollziehen. Es ist **ein Akt heiligen Gehorsams** gegenüber dem Gebot des Herrn.«[2]

5.8. Schlussendlich sollte es keiner besonderen Betonung bedürfen, dass Christen **die Sünden ihrer Geschwister nicht weitertragen**, sondern die Sünde und die ihr entsprechende Zucht gegenüber Außenstehenden mit einem barmherzigen Mantel der Verschwiegenheit bedecken sollten.

Nur wenn die Gemeinde entschlossen handelt, wenn Sünde entdeckt wird, kann sie hoffen, ihren wahren Charakter als Miniatur des heiligen Tempels Gottes aufrechterhalten zu können.

Vielleicht sollte an dieser Stelle noch hinzugefügt werden, dass das Neue Testament es als selbstverständlich sieht, dass jeder Gläubige irgendeiner örtlichen Gemeinde angehört. Sonst wäre er frei von der Zucht jedweder Gemeinde, und eine solche Freiheit enthält die größten Gefahren für den Einzelnen.

Anmerkungen:

1) C. H. Mackintosh, Notes on Deuteronomy, New York (Loizeaux Brothers), Bd. 2, Seiten 263-265

2) C. H. Mackintosh, ›The Discipline of the Assembly‹ in: Miscellaneous Writing, New York (Loizeaux Brothers), Bd. 5, Seite 31f.

Kapitel 8
Das Wachstum der Gemeinde

Eine weitere wichtige Gemeindewahrheit, die die örtliche Gemeinde verwirklichen muss, ist:

6. Für die Auferbauung der Gemeinde sind Gaben gegeben

6.1. Da Auferbauung sowohl inneres als auch äußeres Wachstum umfasst, beschäftigen wir uns unter diesem Punkt mit Gottes Programm für das Wachstum der Gemeinde.

Die Gemeinde ist heute auf der Erde das Instrument, durch welches Gott den christlichen Glauben verbreiten möchte. Jede Gemeinde sollte immer danach streben, sich zu erweitern, neue Bevölkerungskreise zu erreichen, sich fortzupflanzen, sich darum zu bemühen, dass neue örtliche Gemeinden entstehen.

Wie bereits angedeutet, hat das verherrlichte Haupt der Gemeinde Gaben gegeben, und wenn diese Gaben in der richtigen Weise ausgeübt werden, dann wächst die Gemeinde.

6.2. Es wurde bereits erwähnt, dass es ursprünglich fünf Gaben gab - Apostel, Propheten, Evangelisten, Hirten und Lehrer. Wir sagten, dass die ersten beiden hauptsächlich mit der Gründung der Gemeinde in Verbindung stehen, und dass sie im allgemeinen nicht mehr nötig waren, als das vollständige Gottes-Wort in schriftlicher Form vorlag. Das bedeutet, dass wir heute drei Gaben haben Evangelisten, Hirten und Lehrer. Wir wenden uns nun dem Zweck der Gaben und ihrer Funktionsweise zu.

6.3. Der Zweck der Gaben wird uns im zwölften und dreizehnten Vers von Epheser 4 mitgeteilt: »Zur Ausrüstung der Heiligen: für das Werk des Dienstes, für die Auferbauung des Leibes Christi, bis wir alle hingelangen zur Einheit des Glaubens und der Erkenntnis des Sohnes Gottes, zur vollen Mannesreife, zum Vollmaß des Wuchses der Fülle Christi.«

Nun könnte man beim flüchtigen Lesen dieser Verse den Schluss ziehen, als wären die Gaben zu drei verschiedenen Zwecken gegeben, nämlich

a) zur Ausrüstung (Vollendung) der Heiligen,
b) für das Werk des Dienstes,
c) für die Auferbauung des Leibes Christi.

Jedoch ist dies unserer Meinung nach nicht der eigentliche Sinn der Stelle.

Es sind nicht drei voneinander relativ unabhängige Gründe, die die Notwendigkeit und Zielsetzung der Gaben betonen, sondern vielmehr ein einziger Grund: die Heiligen im Glauben aufzuerbauen und auszurüsten, **so dass sie wiederum das Werk des Dienstes vollbringen können**, sodass der Leib Christi zahlenmäßig und geistlich auferbaut wird. Es sind die Heiligen, die das Werk des Dienstes tun müssen.

Wir können diese Wahrheit mit einem Diagramm illustrieren. Der Kreis in der Mitte stellt, sagen wir einmal, die Gabe eines Lehrers dar. Er dient den Heiligen in dem Kreis um ihn, herum sodass sie ausgerüstet (zugerüstet, vervollkommnet, d. h. im Glauben aufgebaut) werden, und sie können wiederum weitergehen und anderen dienen. Auf diese Weise wächst die Gemeinde innerlich und äußerlich. Es ist die göttliche

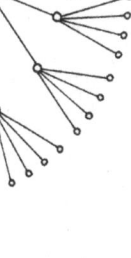

Methode, die größtmögliche Anzahl von Menschen in der kürzestmöglichen Zeit zu erreichen.

Nach diesem göttlichen Muster haben die Evangelisten, die Hirten und Lehrer immer die Absicht, andere für das Werk des Dienstes zu interessieren, zu trainieren und auszurüsten.

Wenn auch nicht jeder Christ die Gabe eines Evangelisten, eines Hirten oder Lehrers hat, so wird doch von jedem erwartet, sich im christlichen Dienst zu engagieren. Jedes Glied der Gemeinde sollte ein Anbeter, ein Seelengewinner, ein Bibelstudent, ein Verbreiter des Glaubens sein.

Diese wichtige Verpflichtung wird in 2. Timotheus 2,2 weiter deutlich gemacht: »Was du von mir in Gegenwart vieler Zeugen gehört hast, das vertraue treuen Menschen an, die tüchtig sein werden, auch andere zu lehren.« Auch dies kann wieder mit einem Diagramm illustriert werden:

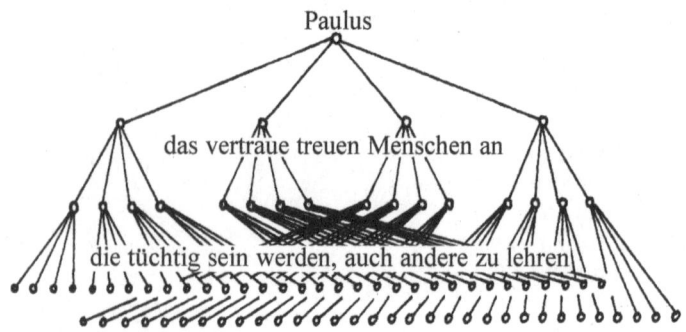

6.4. Dieser Plan bringt natürlich Vorteile mit sich, die auf den ersten Blick deutlich sind. Sein Resultat ist eine rasche Verbreitung des christlichen Glaubens. Die einzelnen Christen reifen durch das Ausüben ihrer ihnen von Gott anvertrauten Aufgaben. Indem sie so reif und geistlich erwachsen werden, sind sie auch weniger anfällig für die Irrlehren der falschen Religionen und Sekten, die in der heutigen Welt so überhandnehmen. Und die Gemeinde, die auf diese Weise innerlich und äußerlich wächst, ist eine deutlichere und klarere Darstellung des Leibes Christi auf Erden.

6.5. Stellen wir dem das System gegenüber, das wir heute in der Christenheit so häufig finden. Ein Mann wird als Pastor einer Gemeinde ausgewählt. Er hält die Predigten, tauft die Bekehrten, hält den Abendmahlsgottesdienst und vollzieht die anderen geistlichen Handlungen der Gemeinde. Die Menschen hören sich Woche für Woche treu die Predigten an, sind aber leider meist in keiner Weise zu einer aktiven Teilnahme bereit, da sie ja, so lautet ihr Argument, schließlich jemand anderen bezahlen, der diese Aktivitäten an ihrer Stelle ausführt. Kurz, sie werden professionelle Predigtkonsumenten und besitzen so gut wie keine echte persönliche Vertrautheit mit der Wahrheit des Wortes Gottes. Und die ständig drohende Gefahr ist, dass diese in einer evangelikalen Umgebung aufgewachsenen Menschen bloße Kinder bleiben: »Unmündige, hin- und hergeworfen und umhergetrieben von jedem Wind der Lehre durch die Betrügerei der Menschen, durch ihre Verschlagenheit zu listig ersonnenem Irrtum« (Eph 4,14).

Das System, über das wir sprechen, könnte folgendermaßen dargestellt werden:

Pastor
○

○○○○ ○○○○

○○○○ ○○○○
Gemeinde
○○○○ ○○○○

○○○○ ○○○○

Hier hat der Pastor seine Gemeinde, und sie besuchen pflichtgetreu die Gottesdienste; aber im Anschluss daran gehen sie wieder ihren täglichen Beschäftigungen nach, wobei sie wenig oder gar keine Verantwortung verspüren, das Gehörte nun auch praktisch anzuwenden. Es ist klar, dass ein einzelner Pastor in einer solchen Situation natürlich nur sehr wenig tun kann. Wenn andererseits alle diese Menschen aktiv für den Herrn wären, würde sich bald ein gewaltiger Fortschritt abzeichnen.

Derartige Überlegungen veranlassten Alexander MacLaren zu schreiben:

»Ich kann nicht umhin zu glauben, dass die gegenwärtige Praxis, das öffentliche Lehren in der Gemeinde auf eine offiziell angestellte Klasse von Christen zu beschränken, beträchtlichen Schaden angerichtet hat. Warum sollte immer nur ein Mann reden und Hunderte von Menschen, die selbst in der Lage wären zu lehren, sollten dasitzen und zuhören oder so tun, als ob sie zuhörten? Ich hasse gewaltsame Revolution, und ich glaube nicht, dass irgendeine Einrichtung, sei sie nun politisch oder kirchlich, die nur mit Gewalt abgeschafft werden kann, dann schon reif zur Abschaffung ist. Aber ich glaube, dass - würde sich das Niveau geistlichen Lebens unter uns heben - neue Formen sich natürlicherweise entwickeln würden, in welchen der große Grundsatz, auf dem die ›Demokratie‹ des Christentums aufbaut, einen weit angemesseneren Ausdruck finden würde, nämlich: ›Ich werde von meinem Geist ausgießen auf alles Fleisch ... und sogar auf meine Knechte und meine Mägde werde ich in jenen Tagen von meinem Geist ausgießen, und sie werden weissagen.‹«[1]

6.6. Diese Diskussion über das Ein-Mann-Prinzip wirft natürlich die Frage auf: »Wie steht es grundsätzlich mit dem klerikalen System? Ist es überhaupt schriftgemäß?« Wir wollen versuchen, diese wichtige Frage zu beantworten.

Mit Klerus meinen wir eine besondere Klasse von Männern, die von Menschen zum Dienst für Gott ordiniert wurden, und die gewöhnlich ausschließliche Autorität in Verbindung mit Predigt, Lehre, Taufe und Austeilen des Abendmahls haben. Zu Beginn möchten wir dankbar anerkennen, dass viele Männer, die eine klerikale Stellung bekleidet haben, hervorragende Diener Christi waren und von ihm in wunderbarer Weise gebraucht wurden. Vielen von ihnen schulden wir ebenso wie ihrem mündlichen und schriftlichen Dienst tiefen Dank, den wir frohen Herzens erkennen. Alle diejenigen, die an den Herrn Jesus glauben, umarmen wir freudig als unsere Brüder.

Aber wir müssen uns ebenso ehrlich und direkt mit der Tatsache auseinandersetzen, dass der Gedanke eines Klerikers oder ordinierten und angestellten Pastors im Neuen Testament nicht zu finden ist. Nirgendwo liest man von der Berechtigung eines einzelnen Mannes, eine Gemeinde allein zu leiten und ihr vorzustehen.

Der Gedanke eines Klerus, einer besonders ordinierten Klasse von Pastoren oder »Geistlichen« kann vom Neuen Testament her nicht nur nicht begründet werden, sondern er widerspricht nach unserer Überzeugung sogar den Lehren des Neuen Testaments.

6.6.1. Zuerst **verletzt er den Grundsatz des Priestertums aller Gläubigen** (1Petr 2,5.9) Im Alten Testament gab es eine besondere Klasse von Männern, die zwischen Gott und dem Volk standen. Im Christentum dagegen sind alle Gläubigen Priester, mit all den Vorrechten und Verantwortlichkeiten, die mit dem Priestertum verbunden sind. In der Praxis lässt der Grundsatz des Ein-Mann-Systems die Anbetung äußerst wirksam verstummen und verhindert den Dienst der Christen als Priester.

6.6.2. Zweitens **verhindert das klerikale System die freie Ausübung der Gaben in der Gemeinde** (1Kor 12 und 14), indem es den Dienst willkürlich auf eine Person oder eine offizielle Gruppe von Personen beschränkt.

6.6.3. Des weiteren **beschränkt es den Vollzug von Taufe und Abendmahl auf eine Priesterkaste**, während der Schrift eine solche Unterscheidung fremd ist.

6.6.4. Der **Grundsatz des bezahlten Dienstes,** der praktisch immer mit dem klerikalen System einhergeht, bringt unvermeidlich **Verantwortlichkeit gegen eine vorgesetzte Person oder Personen** mit sich. Diese vorgesetzte Autorität kann auf den Pastor Druck ausüben, indem sie an ihn künstliche und unbiblische Bewertungsmaßstäbe anlegt. So ist es beispielsweise allgemein üblich, die Fähigkeit eines Mannes an der Anzahl der Personen zu messen, die innerhalb eines Jahres der Gemeindeliste hinzugefügt werden. Dies ist nicht nur kein echter Maßstab wirksamen Dienstes, sondern birgt auch die starke Versuchung in sich, den Standard der Gemeinde-Aufnahmekriterien zu senken, um so vor dem vorgesetzten Gremium besser dazustehen. Der Diener Christi darf aber nicht derartig gebunden, gefesselt und behindert werden. Er sollte immer der Freigelassene des Herrn bleiben (Gal 1,10).

6.6.5. **Klerikalismus fördert außerdem die Gefahr, Menschen um einen Mann, statt um den Namen des Herrn zu versammeln.** Wenn ein Mensch die Anziehungskraft in einer örtlichen Gemeinde darstellt, dann verschwindet die Anziehung, sobald der Betreffende wieder weggeht. Wenn sich aber andererseits die Heiligen versammeln, weil der Herr dort ist, dann werden sie auch treu bleiben - seinetwegen.

6.6.6. In der Praxis, wenn nicht gar in der Theorie **hat der Klerikalismus dazu beigetragen, die Wahrheit von Christus als dem Haupt** (Eph 1,22) **gründlich zu verdunkeln**, und in einigen Fällen völlig zu verleugnen.

6.6.7. Wenn behauptet wird, dass die Aufseher des Neuen Testaments dem Klerus der heutigen Zeit entsprechen, dann antworten wir, dass es im Neuen Testament **immer mehrere Aufseher in einer Gemeinde** gibt (Phil 1,1), und nicht einen einzelnen Aufseher, der den Vorsitz über eine Gemeinde oder gar eine Gruppe von Gemeinden führt.

6.6.8. Es kann nicht geleugnet werden, dass viele Männer in einer klerikalen Stellung begabte Diener Christi für die Gemeinde sind. Doch wurden sie **nicht zur Gabe für die Gemeinde durch menschliche Anstellung oder Ordination**, sondern durch das Werk des Herrn Jesus selbst. Sie sind verantwortlich, so zu dienen, dass die Heiligen zu aktivem Dienst zugerüstet werden, und nicht so, dass sie für alle Zeiten von ihnen abhängig bleiben.

6.6.9. Die **Übel, die aus einer menschlichen Ordination von Männern entstanden sind**, die nicht von Gott berufen waren, sind zu offensichtlich und brauchen hier nicht weiter ausgebreitet werden.

6.6.10. Wenn schließlich nur ein Mann hauptsächlich für den Lehrdienst in der Gemeinde verantwortlich ist, gibt es **keine gegenseitige Überprüfung und Kontrolle**, und so ist **die Gefahr einseitiger Auslegung, wenn nicht gar böser und falscher Lehre** besonders groß. Wo andererseits dem Heiligen Geist die Freiheit eingeräumt wird, durch die verschiedenen Gaben in der Gemeinde zu wirken, treten weit mehr Facetten der Wahrheit in den Vordergrund, und es besteht eine größere Immunität gegen Irrlehre, da alle Heiligen eifrig Schrift mit Schrift vergleichen.

Wenn also auch viel Segen aus dem Dienst von Repräsentanten des klerikalen Systems hervorgeflossen ist, so glauben wir doch, dass es nicht nur nicht das Ideal Gottes darstellt, sondern dass es sogar schwerwiegende Nachteile bis zur Schädigung für die Hauptinteressen und -aufgaben der Gemeinde mit sich bringt.

Gottes Absicht ist es, dass die Gaben den Heiligen dienen und sie zurüsten, dass dann die Heiligen wiederum ihrerseits hingehen und das Werk des Dienstes betreiben. Die örtliche Gemeinde sollte diesen wichtigen Grundsatz erkennen und anerkennen und nichts tun, was seine freie Entfaltung behindern könnte. Wenn die Heiligen in dieser Weise dienen, werden Ungläubige gerettet, Heilige auferbaut, und neue Gemeinden entstehen.

Anmerkungen:

1) Alexander MacLaren, »Colossians and Philemon« in: The Expositor's Bible, London (Hodder and Stoughton), 1903, Seiten 328-330

Kapitel 9
Das Priestertum aller Gläubigen

Die siebente und letzte wichtige Wahrheit über die Gemeinde, die wir zu Beginn genannt hatten, war:

7.   Alle Gläubigen sind Priester Gottes

Jede örtliche Gemeinde sollte diese Wahrheit praktisch bezeugen, indem sie jedes andere Priestertum ablehnt und jeden Gläubigen ermuntert, die Vorrechte und Verantwortlichkeiten dieses heiligen Dienstes auszuüben, sowohl einzeln als auch gemeinsam.

7.1. Im Alten Testament sonderte das Gesetz Moses den Stamm Levi und die Familie Aarons ab, um Priester für das Volk zu sein. Diese Männer hatten eine besondere Kleidung, empfingen besondere Vorrechte und standen als eine besondere Klasse zwischen Gott und der Gemeinde Israels. Sie allein durften in das Heiligtum hineingehen, und nur sie durften die im Gesetz vorgeschriebenen Opfer darbringen.

7.2. Im Christentum ist dies alles ganz anders. Jetzt sind alle Gläubigen Priester, wie das Neue Testament sagt:
7.2.1. 1. Petrus 2,5: »Lasst auch euch selbst als lebendige Steine aufbauen, als ein geistliches Haus, **ein heiliges Priestertum**, um geistliche Schlachtopfer darzubringen, Gott wohlannehmbar durch Jesus Christus.«
7.2.2. 1. Petrus 2,9: »Ihr aber seid ein auserwähltes Geschlecht, **ein königliches Priestertum**, eine heilige Nation, ein Volk zum Besitztum, damit ihr die Tugenden dessen verkündigt, der euch aus der Finsternis zu seinem wunderbaren Licht berufen hat.«
7.2.3. Offenbarung 1,5.6: »Dem, der uns liebt und uns von unseren Sünden erlöst hat in seinem Blut und uns

gemacht hat zu einem Königtum, zu **Priestern** seinem Gott und Vater: Ihm sei die Herrlichkeit und die Macht in alle Ewigkeit. Amen.«

7.3. Zu den wichtigsten Aufgaben eines Priesters gehört es, Opfer darzubringen. Im Alten Testament bestanden die Opfer gewöhnlich aus geschlachteten Tieren. Heute sind die Opfer eines Gläubigen im Gegensatz dazu:

7.3.1. **Das Opfer seines Leibes** (Röm 12,1). Dies ist kein totes Opfer, sondern ein »lebendiges, heiliges, Gott wohlgefälliges Opfer«.

7.3.2. **Das Opfer seiner materiellen Güter** (Hebr 13,16): »Das Wohltun und Mitteilen aber vergesst nicht, denn an solchen Opfern hat Gott Wohlgefallen.«

7.3.3. **Das Opfer des Lobes** (Hebr 13,15): »Durch ihn nun lasst uns Gott stets ein Opfer des Lobes darbringen, das ist: Frucht der Lippen, die seinen Namen bekennen.«

Dieses Opfer des Lobes sollte sowohl persönlich als auch gemeinschaftlich dargebracht werden. Letzteres - gemeinschaftliche Anbetung, worin Gläubige die Freiheit haben, am öffentlichen Lobpreis aktiv teilzunehmen - ist praktisch durch die stereotypen, vorprogrammierten Gottesdienste unserer Tage völlig eliminiert worden. Das Ergebnis ist eine Generation von stummen Priestern - ein Zustand, wie er in der ganzen Schrift nirgends beschrieben wird.

7.4. Andere Aufgaben eines Priesters umfassen **Gebet, Zeugnis für Gott** und **Sorge für sein Volk.** So sollten Gläubige dieses heilige Amt beständig ausüben.

Die Lehre der ganzen Schrift über diesen Gegenstand (Röm 8,14; Gal 5,18; Joh 16,13) macht deutlich, dass diese Wahrheit auf unser ganzes Leben von morgens bis abends, und jeden Tag in der Woche, nicht nur den Tag des Herrn, angewandt werden muss. Sie ist sicherlich nicht auf Beginn und Ende von Gemeindezusammenkünften beschränkt, wie Zusammenkünfte zur Anbetung, zum Bibelstudium oder zum Gebet, sondern schließt den ganzen Menschen ein, nicht nur in, sondern auch außerhalb der Versammlungslokale, Gemeinderäumlichkeiten, Kapellen und Kirchengebäude. In diesem Vollsinn des Wortes ist das ganze neutestamentliche Volk Gottes »ein Königreich von Priestern und eine heilige Nation« (2 Mo 19,6; 1Petr 2,5-9).[2]

7.5. Obgleich es wahr ist, dass alle Gläubigen Priester sind, ist es auch ebenso wahr, **dass jeder Christ einen Priester braucht.** Er findet dieses Bedürfnis im Herrn Jesus Christus vollkommen erfüllt. Der Hebräerbrief stellt diese wunderbare Person als den großen Hohenpriester vor, als denjenigen, der Mitleid haben kann mit unseren Schwachheiten, weil er in allem in gleicher Weise wie wir versucht worden ist, doch ohne Sünde (Hebr 4,15).

7.6. Jede örtliche Gemeinde sollte deshalb **den Herrn Jesus als den großen Hohenpriester und jeden Gläubigen als heiligen und königlichen Priester anerkennen.** Aber finden wir das in der heutigen Christenheit? Im Gegenteil, wir müssen feststellen, dass sich die Gemeinde zum priesterlichen System des Judentums zurückgewandt hat. Während viele Gemeinden sich äußerlich zum Priestertum aller Christen bekennen, haben sie dennoch ihr eigenes besonderes Priestertum aufgerichtet, das sich hauptsächlich auf das mosaische System gründet. So finden wir:

7.6.1. Eine **besondere Klasse von Menschen**, die allein zum Ausüben des Gottesdienstes bestimmt ist.

7.6.2. Eine **Hierarchie von Amtsträgern** mit hochtrabenden Titeln, die sie von den »Laien« unterscheiden.

7.6.3. **Besondere Kleidung**, um noch zu unterstreichen, dass diese Personen einer besonderen Klasse angehören. Des weiteren hat sich die Gemeinde vom Judentum ausgeliehen:

7.6.4. **Geweihte Gebäude** mit ihren kunstvollen Altären, mit Gold und Silber geschmückte Räume, materielle Hilfsmittel beim Gottesdienst.

7.6.5. Ein **eindrucksvolles Ritual**, das die natürlichen Sinne beeinflusst.

7.6.6. Einen **religiösen Kalender** mit Feiertagen und Festzeiten.

Über diese schreckliche Mixtur von Judentum und Christentum schreibt Dr. C. I. Scofield:

»Es kann mit Gewissheit behauptet werden, dass die Judaisierung, d. h. die Übertragung der an Israel gerichteten Verheißungen und Vorschriften auf die Gemeinde, mehr dazu beigetragen hat, ihr Wachstum zu hemmen, ihren Auftrag zu verkehren und ihr geistliches Wesen zu zerstören, als alle übrigen Gründe zusammengenommen. Statt auf dem ihr bestimmten Pfad der Trennung von der Welt zu wandeln und dem Herrn in ihrer himmlischen Berufung zu folgen, hat sie die auf die Juden bezogenen Schriftstellen missbraucht, um den eigenen Ungehorsam zu rechtfertigen: Zu einer bloßen Zivilisation der Welt, zur Anhäufung von Reichtümern, zum Gebrauch eines eindrucksvollen Rituals, zur Errichtung prächtiger Kathedralen, zur Anrufung Gottes bei kriegerischen Auseinandersetzungen und zur Trennung von vor dem Herrn gleichberechtigten Brüdern in ›Geistliche‹ und ›Laien‹.«[3]

Ruft Gott sein Volk heute nicht auf, sich von dieser Religion der Vorbilder und Schatten abzusondern, um volles Genüge im Namen des Herrn Jesus zu finden?

7.7. Nur eine solche Gemeinde verwirklicht voll ihren Anteil am neutestamentlichen Priestertum, auf die folgende Kriterien zutreffen:

➤ Eine örtliche Gemeinde mit geisterfüllten, regelmäßig gutbesuchten Gebetszusammenkünften.

➤ Eine örtliche Gemeinde, deren Glieder praktische Helfer und Mitarbeiter der Diener des Herrn in dem weltweiten Erntefeld sind.

➤ Eine örtliche Gemeinde mit konstanter, kraftvoller Aktivität in der Predigt des Evangeliums durch Traktatverteilen, persönliches Zeugnis und, wo immer möglich, Freiversammlungen.

➤ Eine örtliche Gemeinde mit einer warmherzigen geist-lichen Atmosphäre der Liebe, wo einer dem anderen in gegenseitiger Fürsorge und Liebe in einer ständigen Gebetshaltung zu helfen versucht, wobei einer den anderen zur Liebe und zu guten Werken anzureizen bestrebt ist.

In einer solchen örtlichen Gemeinde werden auch die Zusammenkünfte und Gottesdienste unter der Leitung des Heiligen Geistes stehen, und die Gaben des Heiligen Geistes, so wie sie der Herr selbst ausgeteilt hat, werden in ihrer gottgewollten Vielfalt, in brüderlicher Gemeinschaft in Abhängigkeit von Christus, und also in heiliger Freiheit des Geistes zur Entfaltung kommen (lKor 12,4-11; 14,26). Und wenn die Gemeinde um den Tisch des Herrn versammelt ist in Lobpreis über das priesterliche Opfer auf Golgatha, dann wird priesterliche Anbetung zum himmlischen Heiligtum emporsteigen und so das große Vorrecht des allgemeinen Priestertums der Gemeinde krönen.[4]

Mit diesem Abschnitt über das Priestertum beschließen wir unser Studium sieben wichtiger Wahrheiten über die weltweite Gemeinde, die jede örtliche Gemeinde darstellen und praktizieren sollte. Es braucht hier nicht erwähnt zu werden, dass auch andere Wahrheiten genannt werden könnten, aber diese sollten genügen, um zu zeigen, dass die örtliche Gemeinde ein Modell oder eine Miniatur von all dem sein sollte, was für den gesamten Leib Christi gilt. Auf den nun folgenden Seiten werden wir uns beschäftigen mit:

→ Taufe und Abendmahl

→ der Gebetsversammlung

→ Aufsehern und Dienern

→ den Finanzen der Gemeinde

→ dem Dienst der Frauen und

→ einem abschließenden Kapitel
»Lasst uns zu ihm hinausgehen!«

Anmerkungen:

1) Zitiert in: W. Hoste, Bishop, Priests and Deacons, London (Pickering and Inglis), Seite 73

2) Erich Sauer, In the Arena of Faith, Grand Rapids (Eerdmans) 1955, Seite 134

3) Dr. C. I. Scofield, Das Wort der Wahrheit recht geteilt, Dillenburg (Emmaus-Fernbibelschule) 1974, Seite 19f.

4) Erich Sauer, In the Arena of Faith, Grand Rapids (Eerdmans) 1955, Seite 151f.

Teil 3

Zusammenkünfte,
Dienste und Aufgaben
in der Gemeinde

Kapitel 10
Die Taufe

Wir finden die Taufe von unserem Herrn in den Evangelien eingesetzt (Mt 28,19), von den frühen Gläubigen in Apostelgeschichte praktiziert (Apg 10,47.48) und in den Briefen erklärt und ausgelegt (Röm 6,3-10). Genaugenommen ist sie nicht eine Aufgabe der örtlichen Gemeinde, sondern des Evangelisten oder Seelengewinners. In der Apostelgeschichte wurde sie sobald wie möglich nach der Bekehrung vollzogen und geschah auf der Grundlage des Bekenntnisses des Glaubens an Christus von seiten des zu Taufenden.

1. Wenn wir uns mit der Taufe beschäftigen, sollten wir gleich zu Beginn erwähnen, dass wir im Neuen Testament drei hauptsächliche Formen von Taufen unterscheiden können.

1.1. Zuerst finden wir die **Taufe des Johannes** (Mk 1,4). Als der Vorläufer des kommenden Königs rief Johannes das Volk Israel auf, Buße zu tun und der Buße würdige Frucht zu bringen (Mt 3,8). Diejenigen, die zu ihm kamen und ihre Sünden bekannten, wurden zur Buße getauft, und sonderten sich so von dem gottlosen Zustand des Volkes ab.

Der Herr Jesus wurde von Johannes getauft, nicht weil er Sünden gehabt hätte, über die er hätte Buße tun müssen, sondern um sich mit dem bußfertigen Überrest Israels eins zu machen und alle Gerechtigkeit zu erfüllen (Mt 3,15).

1.2. Zweitens unterscheiden wir die **Glaubenstaufe** (Röm 6,3.4). Sie bedeutet Einsmachung mit Christus in seinem Tod, und wird später im Detail besprochen.

1.3. Drittens finden wir die **Taufe des Heiligen Geistes** (1Kor 12,13). Diese ist das souveräne Werk des Geistes Gottes, wodurch alle, die an Jesus als ihren Erretter glauben, in den Leib Christi eingefügt werden.

In Verbindung mit diesen drei Taufen sollten wir gut bedenken, dass

68

→ die Taufe des Johannes nicht die gleiche wie die Taufe mit dem Heiligen Geist ist. Die beiden werden in Matthäus 3,11 sorgfältig unterschieden.

→ die Taufe des Johannes nicht die gleiche wie die Glaubenstaufe ist. Apostelgeschichte 19,1-5 zeigt uns, dass solche, die bereits als des Jünger Johannes getauft waren, mit der christlichen Taufe wiedergetauft werden mussten.

→ **die Taufe mit dem Heiligen Geist nicht die gleiche wie die Glaubenstaufe ist. Viele haben eine verschwommene Idee, dass die Wassertaufe ein Bild oder eine Darstellung der Geistestaufe sei. Aber die beiden sind in Wirklichkeit völlig verschieden.** Die Geistestaufe spricht vom Einfügen in den Leib Christi, während die Glaubenstaufe ein Bild des Todes ist.

Kurz gesagt sind alle diese drei Arten von Taufen voneinander verschieden und sollten nicht durcheinander gebracht werden.

2. Wir finden im Neuen Testament keinen Hinweis darauf, dass nach Pfingsten je jemand getauft worden wäre außer denjenigen, die an den Herrn Jesus glaubten. Beachten wir folgende Stellen:

2.1. »Die nun sein Wort aufnahmen, ließen sich taufen« (Apg 2,41).

2.2. »Als sie aber dem Philippus glaubten, der das Evangelium vom Reich Gottes und dem Namen Jesu Christi verkündigte, wurden sie getauft, sowohl Männer als Frauen« (Apg 8,12). —

Es ist richtig, dass auch »Häuser« getauft wurden (Apg 16,15; 1Kor 1, 16); aber es gibt keine Hinweise, dass diese Haushalte Kinder einschlossen, die nicht an den Herrn Jesus glaubten.

3. Die Hauptbedeutung der Glaubenstaufe wird am ausführlichsten in Römer 6,1-10 entwickelt. Wir könnten die Aussagen dieser Verse folgendermaßen zusammenfassen:

3.1. Als der Herr Jesus starb, kamen über ihn sozusagen die Wogen und Wellen des Zornes Gottes (Ps 42,8).

3.2. Er tat dies als unser Stellvertreter.

3.3. Weil Christus wirklich an unserer Stelle gestorben ist, können wir sagen, dass, als er starb, auch wir gestorben sind.

3.4. Durch sein Sterben hat er die ganze Frage der Sünde ein für allemal geregelt.

3.5. Deshalb sind auch wir der ganzen Frage der Sünde gestorben. Die Sünde hat keinen Anspruch mehr auf uns.

3.6. Gott sieht jeden Gläubigen als mit Christus gekreuzigt. Alles das, was er als Sünder im Fleisch war, ist ans Kreuz genagelt worden.

3.7. In der Taufe stellt der Gläubige bildhaft dar, was bei ihm innerlich bereits geschehen ist. Indem er im Wasser untertaucht, sagt er praktisch: »Wegen meiner Sünden hatte ich den Tod verdient. Aber als der Herr Jesus starb, bin auch ich gestorben. Mein alter Mensch, mein altes Ich wurde mit ihm gekreuzigt. Als der Herr Jesus begraben wurde, wurde auch ich begraben, und ich bekenne nun, dass mein altes Ich auch in der täglichen Praxis für immer aus Gottes Augen verschwinden soll.«

3.8. Und ebenso wie der Herr Jesus aus den Toten auferstanden ist, so erhebt sich der Gläubige dann aus dem Taufwasser. Damit stellt er seine Absicht dar, nun auch in Neuheit des Lebens zu wandeln. Er wird nicht mehr leben, um sich selbst zu gefallen, sondern wird sein Leben praktisch seinem Erretter übergeben, so dass er sein Leben in dem Gläubigen leben kann. —

So könnten wir sagen, dass die Taufe eine bildhafte Handlung ist, die das Ende der früheren Lebensweise darstellt. Sie ist ein öffentlicher Akt des Gehorsams dem Willen des Herrn gegenüber (Mt 28,19.20) und versinnbildlicht das Gestorbensein des Gläubigen mit Christus. Sie kann nichts zur Errettung beitragen, sondern ist für diejenigen, die bereits errettet sind.

4. Es gibt endlose Streitereien über die Frage, wie die Taufe vollzogen werden sollte, ob durch Besprengung oder Untertauchen. Folgende Fakten können bei der Suche nach einer Lösung eine Hilfe bieten.

4.1. Das griechische Wort für »taufen« (»baptizo«) bedeutet ursprünglich »eintauchen, untertauchen, waschen, färben«.

4.2. In Verbindung mit der Taufe Christi lesen wir: »Und als Jesus getauft war, stieg er sogleich **aus dem Wasser** herauf« (Mt 3,16).

4.3. Johannes selbst taufte zu Änon, nahe bei Salim, »weil dort **viel Wasser** war« (Joh 3,23).

4.4. Bei der Taufe des Kämmerers von Äthiopien stellt die Schrift sorgfältig fest, dass »sie beide **in das Wasser** hinabstiegen, sowohl Philippus als der Kämmerer; und er taufte ihn. Als sie aber **aus dem Wasser** heraufstiegen, entrückte der Geist des Herrn den Philippus ...« (Apg 8,38.39).

4.5. Wir haben oben gesehen (Röm 6,3), dass die Taufe ein Symbol von Tod und Begräbnis ist. Besprengen hat nicht die geringste Ähnlichkeit mit einem Begräbnis, während Untertauchen dies sehr schön versinnbildlicht.

5. Aber weit wichtiger als die Art und Weise des Taufvollzugs ist der Herzenszustand des Täuflings. Es gibt Tausende von Menschen, die in Wasser untergetaucht, aber nicht wirklich getauft worden sind. Ein wirklich getaufter Christ ist jemand, der sich nicht nur dem äußerlichen Ritus unterzogen hat, sondern dessen Leben auch deutlich macht, dass das Fleisch, die alte Natur auf den Platz des Todes gebracht worden ist. Die Taufe muss sowohl ein äußeres Bekenntnis, wie auch und vor allem eine Herzenssache sein.

Dies kann vielleicht ziemlich pointiert durch eine Paraphrase von Römer 2,25-29 ausgedrückt werden, die sich dann auf die Taufe, statt auf die Beschneidung bezieht:

»Denn Taufe ist wohl nütze, wenn du das Evangelium befolgst; wenn du aber ein Übertreter des Wandels nach dem Evangelium bist, so ist deine Taufe Nichtgetauftsein geworden. Wenn nun der Nichtgetaufte die Rechte des Evangeliums befolgt, wird nicht sein Nichtgetauftsein für Taufe gerechnet werden und der Nichtgetaufte von Natur, der dem Evangelium gehorcht, dich richten, der du mit dem Buchstaben des Evangeliums und der Taufe ein Übertreter des Wandels nach dem Evangelium bist. Denn nicht der ist ein Christ, der es äußerlich ist, noch ist die äußerliche Taufe im Fleisch Taufe; sondern der ist ein Christ, der es innerlich ist, und Taufe ist die des Herzens, im Geist, nicht im Buchstaben. Sein Lob kommt nicht von Menschen, sondern von Gott.«[1]

6. Der Gedanke, dass jemand ein ordinierter Pastor sein muss, um taufen zu können, ist unbiblisch. Jeder wirklich Gläubige kann andere taufen.

7. In den frühen Tagen der Gemeinde wurde ein Gläubiger, wenn er getauft war, oft binnen kurzem verfolgt und umgebracht. Doch wann immer andere zum Glauben kamen, traten sie, ohne zu zögern, zur Taufe vor, um die Reihen der Märtyrer aufzufüllen.

Auch heute noch ist in manchen Teilen der Welt die Taufe das Signal für den Beginn schrecklicher Verfolgung. In vielen Ländern wird ein Gläubiger solange toleriert, wie er Christus nur mit den Lippen bekennt. Aber wann immer er Christus öffentlich in der Taufe bekennt und seine Verbindung zur Vergangenheit abschneidet, nehmen die Feinde des Kreuzes den Kampf gegen ihn auf.

Doch was immer auch die Kosten sein mögen, kann doch jeder Getaufte die gleiche Erfahrung wie der Kämmerer von Äthiopien bezeugen, von dem geschrieben steht: »Er zog seinen Weg mit Freuden.«

Anmerkungen:

1) Angeregt durch eine ähnliche Paraphrase über Gemeindegliedschaft in: W. R. Newell, Romans Verse by Verse, Chicago (Grace Publications) 1945, Seite 70.

Kapitel 11
Das Mahl des Herrn

1. Diese feierliche Gedächtnishandlung wurde von dem Herrn Jesus in der Nacht eingesetzt, in der er verraten wurde. Unmittelbar nachdem er mit seinen Jüngern das letzte Passah gefeiert hatte, setzte er das ein, was wir als »Mahl des Herrn« kennen. »Und er nahm Brot, dankte, brach und gab es ihnen und sprach: Dies ist mein Leib, der für euch gegeben wird. Das tut zu meinem Gedächtnis! Ebenso auch den Kelch nach dem Mahl und sagte: Dieser Kelch ist der neue Bund in meinem Blut, das für euch vergossen wird« (Lk 22,19.20).

2. Bezüglich der Bedeutung dieses Mahles treten dabei mindestens vier Hauptgedanken in den Vordergrund:

2.1. Es ist ein **Anlass zur Erinnerung, zum Gedächtnis**. Der Herr sagte: »Das tut zum Gedächtnis an mich.« Es ist eine Zeit der Erinnerung an sein Leiden und seinen Tod, die Hingabe seines Leibes, das Vergießen seines Blutes. Hier tritt Golgatha mit allen damit verbundenen heiligen Gedanken und Gefühlen vor die Herzen der Teilnehmer.

2.2. Es ist eigentlich unmöglich, so an die Leiden des Herrn Jesus zu denken, ohne Gott in Anbetung und Lobpreis zu antworten. So ist das Mahl des Herrn **eine Zeit öffentlicher Anbetung, eine Zeit, Gott zu loben und zu preisen** für all das, was er ist und was er getan hat.

2.3. Des weiteren ist das Mahl des Herrn ein **öffentliches Zeugnis für die Einheit des Leibes Christi**. Der Laib Brot ist ein Bild des Leibes Christi, der aus allen wahren Gläubigen besteht. Indem er von dem Brot nimmt, bezeugt der Gläubige, dass er eins ist mit jedem wahren Kind Gottes. Indem er von dem Kelch trinkt, bekennt er, dass er eins ist mit jedem, der durch das kostbare Blut gereinigt worden ist (1Kor 10,16.17).

2.4. Schließlich ist das Mahl des Herrn **eine beständige Erinnerung daran, dass der, der diese Feier zum Gedächtnis an sich eingesetzt hat, eines Tages wiederkommen wird**. »Denn sooft ihr dieses Brot esst und den Kelch trinkt, verkündigt ihr den Tod des Herrn, bis er kommt« (1Kor 11,26). —

So blickt also der Anbeter nicht nur zurück nach Golgatha und erinnert sich an ihn in seinem Tod, er blickt nicht nur auf zum Thron Gottes und preist ihn für die vollbrachte Erlösung. Er blickt auch voraus auf den Augenblick, wenn der Herr vom Himmel kommen wird, um sein auf ihn wartendes Volk heimzuholen.

3. Was die **Zeit und die Häufigkeit des »Mahles des Herrn«** betrifft, so befiehlt uns die Schrift hier nicht mit der Stimme des Gesetzes, sondern bittet eindringlich mit der Stimme der Gnade.

3.1. In Apostelgeschichte 20,7 lesen wir: »Am ersten Tag der Woche aber, als wir versammelt waren, um Brot zu brechen«. Der erste Tag der Woche ist der Tag des Herrn oder Sonntag. Es ist der Tag der Auferstehung des Herrn und wunderbar dafür passend, dass sein Volk zu Anbetung und Gedächtnis zusammenkommt.

3.2. Was die Häufigkeit des Mahles des Herrn betrifft, so gilt die Anweisung: »Sooft ihr dieses Brot esst und den Kelch trinkt« (1Kor 11,26). Im Augenblick, da jemand sagt, dass es jeden Tag, jeden Monat oder jedes Vierteljahr gehalten werden **muss**, ist er über die Schrift hinausgegangen. Doch gleichzeitig ist die Wahrscheinlichkeit sehr groß, dass die frühen Jünger jede Woche zusammenkamen, um des Herrn zu gedenken.

Charles Haddon Spurgeon nennt starke Argumente für ein wöchentliches Feiern des Mahles des Herrn:

»Meine Erfahrung ist, und ich denke, ich spreche im Namen eines Großteils des hier anwesenden Volkes Gottes, dass das wöchentliche Kommen zum Tisch des Herrn, wie es einige von uns gewohnt sind, nicht dazu führt, dass das Brechen des Brotes seine Bedeutung für uns verloren hat - es ist für uns immer frisch. Ich habe oft am Abend des Tages des Herrn bemerkt, was immer auch der Gegenstand gewesen sein mag, ob nun Sinai über unseren Häuptern gedonnert oder die klagenden Weisen von Golgatha unsere Herzen durchschnitten, dass es immer in gleicher Weise angemessen war, zum Brotbrechen zu kommen. Schande über die christliche Gemeinde, es auf einmal im Monat zu verschieben und den ersten Tag der Woche zu ruinieren, indem sie ihn seiner Herrlichkeit beraubt, die beim Zusammenkommen zur Gemeinschaft und zum Brechen des Brotes, zur Verkündigung seines Todes bis er kommt, erlebt wird! Wer einmal die Köstlichkeit geschmeckt hat, jeden Tag des Herrn sein Mahl zu feiern, wird sich nicht mehr damit zufrieden geben, dessen bin ich mir sicher, es auf weit auseinanderliegende Termine zu verschieben.«[1]

Auch Jonathan Edwards (Theologe und Philosoph, Freund Whitefields, Indianermissionar und Präsident von Princeton) war für ein wöchentliches Gedächtnis an den Herrn: »Es scheint aus der Schrift ziemlich deutlich, dass die frühen Christen die Gewohnheit hatten, dieses Gedächtnis an die Leiden ihres geliebten Erlösers jeden Tag des Herrn zu feiern, und so, glaube ich, wird es in der Gemeinde Christi in zukünftigen Tagen wieder sein.«[2]

4. Es braucht wohl nicht eigens erwähnt zu werden, dass das Mahl des Herrn **nur für Christen** ist. Nur die, die erlöst sind, haben die Möglichkeit und die Fähigkeit, in seine heilige Bedeutung einzudringen. Christen selbst wiederum sollten die Zeichen in einem Zustand der Selbstprüfung zu sich nehmen (1Kor 11,28). Sünde muss bekannt und aufgegeben worden sein, und die Zeichen müssen auf würdige Weise genommen werden (1Kor 11,21.22). Alle diejenigen, die ohne Selbstprüfung teilnehmen, setzen sich der Gefahr aus, vom Herrn gezüchtigt zu werden (1Kor 11,27.29-32).

5. Auch hier tun wir gut daran, uns zu erinnern, dass wir das Brot essen und den Kelch trinken können, ohne wirklich an den Herrn zu denken. Es ist möglich, diese feierliche Einrichtung zu einem **bloßen Ritual** zu reduzieren, wenn unser Herz dem nicht entspricht, was wir zeichenhaft tun. Unser Leben muss in Gemeinschaft mit Gott sein, wenn wir wirklich seinen Worten gehorchen wollen: »Erinnert euch an mich«.

Anmerkungen:

1) C. H. Spurgeon, Treasury of the Old Testament, London (Marshall, Morgan and Scott), Bd. 1, Seite 543

2) Jonathan Edwards, Thoughts on Revival, 1736 (Einzelheiten unbekannt)

Kapitel 12
Die Gebetsversammlung

1. Über die Zusammenkünfte der örtlichen Gemeinde finden wir im Neuen Testament nicht sehr viele Informationen. Wir wissen, dass die Christen sich versammelten zur Gemeinschaft, zum Gebet, zum Dienst des Wortes und zum Brechen des Brotes (Apg 2,42), aber darüberhinaus wird nicht sehr viel mehr mitgeteilt. Was das Zeugnis des Evangeliums betrifft, so scheint es von den einzelnen Christen außerhalb der Grenzen der Gemeinde ausgeführt worden zu sein, wo immer Ungläubige erreicht werden konnten, jedoch natürlich immer mit dem Gedanken, die Geretteten in die Gemeinschaft einer örtlichen Gemeinde zu bringen.

2. Von allen Zusammenkünften der frühen Gemeinden, **war die Gebetsversammlung sicherlich die hervorstechendste**. Ja, die Gemeinde wurde sogar unmittelbar im Anschluss an eine Gebetsversammlung geboren (Apg 1,14), und auch danach wird von den Christen gesagt, dass sie »verharrten ... in den Gebeten« (Apg 2,42). Eigentlich ist die ganze Geschichte der Gemeinde ein Beweis für die Treue Gottes, der Gebete erhört.

3. Wir sollten uns ständig daran erinnern, dass gemeinschaftliches Gebet sich nicht nur der Zustimmung Gottes erfreut, sondern auch die besondere Verheißung der Gegenwart des Herrn selbst aufweisen kann. In Matthäus 18,19.20 lesen wir:
»Wiederum sage ich euch: Wenn zwei von euch auf der Erde übereinkommen werden, irgendeine Sache zu erbitten, so wird sie ihnen werden von meinem Vater, der in den Himmeln ist. Denn wo zwei oder drei versammelt sind in meinem Namen, da bin ich in ihrer Mitte.«

Es kann wohl kaum deutlicher gesagt werden. Wir haben eine zweifache Zusage, die nicht gebrochen werden kann. Erstens, wenn zwei Gläubige übereinkommen, gemeinsam ein Anliegen vor Gott zu bringen, so wird diese Bitte erhört werden. Zweitens, wenn Christen im Namen des Herrn Jesus versammelt sind, dann ist er in ihrer Mitte.

Das Problem ist nur, dass wir es nicht glauben. Wenn es so wäre, wären unsere Gebetsversammlungen überfüllt, und unsere Gemeinden würden brennen für den Herrn.

4. Bei der Beschäftigung mit dem gemeinschaftlichen Gebet möchten wir zu Beginn einige elementare Tatsachen in Verbindung damit herausstellen.

4.1. Erstens betet in einer Gebetsversammlung immer **nur eine Person gleichzeitig laut**. Die anderen schweigen, aber gleichwohl beten alle. Derjenige, dessen Stimme zu hören ist, gibt den Gebeten der ganzen Versammlung Ausdruck. Die anderen folgen ihm in seinem Gebet und machen sein Gebet zu ihrem eigenen. Oft drücken sie diese geistliche Einheit durch ein lautes »Amen« am Ende des jeweiligen Gebets aus.

4.2. Zweitens möchten wir darauf hinweisen, dass ein großer **Unterschied zwischen dem »Sprechen von Gebeten« und Beten** besteht. Es gibt ein Kinderlied, das diesen Unterschied verdeutlicht:

> Oft spreche ich meine Gebete,
> aber bete ich jemals?
> Und begleiten die Wünsche meines Herzens
> die Worte, die ich sage?
>
> Ebenso könnte ich niederknien
> und Götter aus Stein anbeten,
> wie dem lebendigen Gott
> ein Gebet von bloßen Worten darzubringen.

> Denn Worte ohne das Herz
> wird der Herr niemals hören;
> noch wird er sich zu jenen Lippen neigen,
> deren Gebete nicht echt sind.[1]

Es gibt nichts, das einer Gebetsversammlung schneller den Todesstoß versetzen kann, als eine Reihe von **Gebetsvorträgen, denen kein wirkliches Herzensanliegen zugrundeliegt**. Allzuoft gehen wir einfach eine Liste von leeren Bitten durch, und unsere Gebete prallen von der Decke wieder zurück. Die Gebete von Neubekehrten sind oft erfrischend, weil sie spontan und herzlich sind. Aber ältere Christen fallen häufig in ein Gebetsschema, das weder Gott noch Menschen nützt.

Zusammenkünfte, in denen Gebete lediglich aus Pflichtgefühl heraus dargebracht werden, gehören eigentlich geschlossen.[2]

4.3. Eine andere, zu vermeidende Gefahr sind **lange Gebete**. Es ist wahr, dass die Schrift sagt: »Betet unablässig«, aber dies gibt noch keinem einzigen das Monopol über die ganze Zeit einer Gebetsversammlung. Wenn die Gebete kurz sind und viele verschiedene Geschwister sich beteiligen, wird die innere Teilnahme jedes einzelnen wesentlich zunehmen.

4.4. Dann sollten unsere Bitten auch **konkret** sein. Wir sollten nicht beten: »Gott, rette noch viele Menschen in der ganzen Welt«, sondern vielmehr: »Herr, rette meinen Bruder David«. Wenn David dann zum Glauben gekommen ist, wissen wir, dass unser Gebet erhört worden ist, und wir sind ermutigt, auch für andere mit Namen zu beten.

5. Es gibt keinen Grund, warum eine Gebetsversammlung etwas Ermüdendes sein sollte. Es gibt genügend konkrete Bitten, die wir vor den Thron der Gnade bringen können. Hier sind einige Beispiele:

5.1. Beten wir für die, die unsere **Obrigkeit** sind, und erwähnen wir sie mit Namen. Beten wir, dass sie gerettet werden und dass wir ein ruhiges und stilles Leben führen mögen in aller Gottseligkeit und Ehrbarkeit (1Tim 2,2).

5.2. Beten wir für die, die in unserer Gemeinde **krank** sind. Der Herr weiß um sie, aber vielleicht einige der Geschwister nicht, deshalb nennen wir sie namentlich.

5.3. Beten wir für noch **nicht bekehrte Verwandte und Bekannte**. Wir sollten uns nicht schämen, die, die uns nahestehen, in der Gebetsversammlung zu erwähnen. Wenn wir sie wirklich errettet sehen möchten, ist uns die Gebetsunterstützung der Gemeinde sehr willkommen.

5.4. Beten wir für die **Ältesten in der Gemeinde**. Sie haben wichtige Aufgaben, die Weisheit und Geduld erfordern. Sie sollten unbedingt in unsere Fürbitten mit eingeschlossen werden.

5.5. Beten wir für die **Missionare**, die von unserer Gemeinde ausgesandt wurden. Wenn wir mit ihnen gelegentlich korrespondieren, wissen wir konkret, mit welchen Problemen sie zu kämpfen haben, und was ihre Nöte und Bedürfnisse sind.

5.6. Beten wir für die **Sonntagschule**, für den Leiter, für die Mitarbeiter und für die Jungen und Mädchen, die in Gottes Wort unterrichtet werden.

5.7. Beten wir für die **Armen**. Wenn wir dadurch jemand Anwesenden in Verlegenheit bringen könnten, ist es vielleicht besser, in einem solchen Fall auf Namensnennung zu verzichten.

5.8. Beten wir für die **jungen Männer** aus unserer Gemeinde, die gerade **Wehr- oder Zivildienst** leisten. Sie haben mit mancherlei Gefahren und Versuchungen zu kämpfen und brauchen unsere Gebete ebenso.

5.9. Beten wir für die, die im **Werk des Herrn** tätig sind, wie Evangelisten und Lehrer.

Dann sollten wir in unsere Gebete auf jeden Fall auch **Danksagung** mit einschließen. Dies wird uns in Philipper

4,6 eindringlich verdeutlicht: »Seid um nichts besorgt, sondern lasst in allem durch Gebet und Flehen mit **Danksagung** eure Anliegen vor Gott kundwerden.«

Der Herr erwartet von seinem Volk zu Recht Dankbarkeit. Undankbarkeit für all seine Gütigkeiten ist einfach Sünde.

6. Aber gibt es denn keine **Bedingungen**, die wir erfüllen müssen, **wenn unsere Gebete erhört werden sollen?** Und ob, natürlich gibt es die:

6.1. Erstens müssen wir **in Christus bleiben**. Er sagt: »Wenn ihr in mir bleibt und meine Worte in euch bleiben, so werdet ihr bitten, was ihr wollt, und es wird euch geschehen« (Joh 15,7). In Christus bleiben heißt, seine Gebote zu halten, seinen Willen zu tun, seinem Wort zu gehorchen.

6.2. Zweitens sollten unsere Gebete **in Übereinstimmung mit seinem Willen** sein: »Und dies ist die Zuversicht, die wir zu ihm haben, dass er uns hört, wenn wir etwas nach seinem Willen bitten« (1Jo 5,14).

Da die große Linie des Willens Gottes in der Schrift zu finden ist, sollten unsere Bitten der Schrift entsprechen. Deswegen sollten wir in der Sprache der Bibel beten.

6.3. Drittens sollten unsere Bitten **im Namen des Herrn Jesus** dargebracht werden: »Und was ihr bitten werdet in meinem Namen, das werde ich tun, damit der Vater verherrlicht werde im Sohn« (Joh 14,13). »Was ihr den Vater bitten werdet in meinem Namen, wird er euch geben« (Joh 16,23). Wenn wir wirklich aufrichtig in seinem Namen bitten, ist es das gleiche, als ob er selbst die Bitte Gott darbringen würde.

6.4. Schließlich müssen unsere **Motive rein** sein. Jakobus erinnert uns, dass wir bitten und nichts empfangen, weil wir übel bitten, um es in unseren Lüsten zu vergeuden (Jak 4,3). Wenn unsere Motive selbstsüchtig und sündig sind, brauchen wir auf eine Erhörung erst gar nicht zu warten.

7. Bevor wir schließen, noch einige Dinge, die wir besser tun oder lassen sollten, wenn unsere Gebetsversammlungen

wirklich »das Kraftwerk der Gemeinde« sein und bleiben sollen.

7.1. So sollten wir beispielsweise **nicht beten, um gesehen zu werden**. Die Heuchler, wissen wir, lieben es, an den Ecken der Straßen stehend zu beten, damit sie von den Menschen gesehen werden (Mt 6,5).

7.2. Des weiteren sollten wir **Gott nicht um etwas bitten, was wir auch selbst tun können**. Wir bitten Gott, die Ungläubigen zu unseren evangelistischen Abenden zu bringen. Erwartet er nicht von uns, unsere Lippen zu gebrauchen, um sie einzuladen und unsere Autos, um sie zu transportieren?

7.3. Und hüten wir uns davor, **um etwas zu bitten, wovon wir genau wissen, dass wir es nicht haben sollten**. Gott erfüllt manchmal solche Bitten, aber sendet dann Magerkeit in die Seelen (Ps 106,15).

7.4. Lassen wir uns **nicht entmutigen, wenn die Erhörung nicht sofort eintrifft**. Gottes Erhörungen sind niemals zu früh, damit uns nicht der Segen entgeht, der im Warten auf ihn besteht. Sie sind niemals zu spät, damit wir nicht fürchten, wir hätten vielleicht vergeblich geglaubt.

7.5. Wenn dann Gottes Erhörung vielleicht nicht genau das ist, worum wir gebeten haben, sollten wir folgendes bedenken: **Der Herr behält sich das Recht vor, uns etwas Besseres zu geben, als das, worum wir bitten**. Wir wissen nicht, was das Beste für uns ist, aber er weiß es, und so gibt er uns mehr, als wir je erbitten oder erdenken können.

Nun wollen wir zum Schluss noch betonen, dass es keinen wirklichen Fortschritt in der Gemeinde ohne Gebet geben kann. Wir können unsere bewährte und eingespielte Routine ablaufen lassen und vielleicht sogar scheinbare Ergebnisse produzieren; aber ohne Fürbitte wird nichts für Gott herauskommen. Wenn wir diesen Schluss nicht von der Schrift her sehen können, werden wir ihn bald aus blanker Not ziehen müssen.

Anmerkungen:

1) J. Burton, Gedicht, »Do I ever Pray?«

2) E. G. Fisk, The Prickly Pear, London (Marshall, Morgan and Scott) 1951,
Seite 126

Kapitel 13
Die Aufseher

Keine Abhandlung über die Gemeinde kann sich vollständig nennen, ohne sich mit der Vorsorge Gottes für ihre geistliche Pflege und Aufsicht zu beschäftigen. Diese Aufgabe wird von den sogenannten **Aufsehern** oder **Ältesten** wahrgenommen.

1. Gleich zu Beginn sollten wir uns über einige Punkte klar werden:

1.1. Zuerst müssen wir zwischen dem neutestamentlichen Begriff eines Aufsehers (in einigen klerikal gefärbten Übersetzungen, z. B. Luther, mit »Bischof« wiedergegeben) und dem Titel (»Bischof«), wie er heute gebraucht wird, klar unterscheiden. In der frühen apostolischen Gemeinde war ein Aufseher (»Bischof«) einfach einer unter mehreren reifen Christen in einer örtlichen Gemeinde, die sich um das geistliche Wohlergehen dieser Gemeinde kümmerten. Heute ist in den großen Kirchensystemen ein »Bischof« ein ordinierter Würdenträger, zu dessen Zuständigkeitsbereich viele Kirchen gehören.

Das Wort **Bischof** im Neuen Testament hat niemals die Bedeutung, die ihm heute allgemein gegeben wird, nämlich die eines **geistlichen Würdenträgers**. Es bezeichnet weder hier (d. h. in 1Tim 3) noch irgendwo sonst in Neuen Testament jemanden, der an der Spitze einer Diözese steht, die eine bestimmte Region eines Landes umfasst und aus einer größeren Anzahl von Kirchen mit ihrem Klerus besteht.[1]

1.2. **Im Neuen Testament waren die Aufseher** (»Bischöfe«) **nicht eine eigene Klasse von Menschen,** die eine Mittlerstellung zwischen Gott und den Menschen einnahmen. Vielleicht geschah es in Abwehr gegen eine solche Anmaßung, die sich in der Zukunft ergeben würde, dass der

Geist Gottes die Aufseher (»Bischöfe«) an zweiter, und nicht an erster Stelle nennt, wenn Paulus an die Gemeinde in Philippi schreibt: » ... allen Heiligen in Christus Jesus, ... samt den Aufsehern (›Bischöfen‹) und Dienern« (Phil 1,1).

1.3. **Dem Neuen Testament ist der Gedanke an Hierarchie oder Beamtentum im geistlichen Bereich völlig fremd.** Statt zu einem erhabenen Amt mit beeindruckenden Titeln werden wir zum demütigen Dienst unter dem Volk Gottes gewiesen. So lesen wir: »Wenn jemand nach einem Aufseherdienst trachtet, so begehrt er ein **schönes Werk**«. Ein Aufseherdienst ist ein Werk, ist Arbeit, nicht ein Amt in Ehren und Würden.

1.4. Schließlich bemerken wir noch einführend, dass sich die Worte »Aufseher« (»Bischof«) und »Ältester« (»Presbyter«) im Neuen Testament alle auf die **gleiche Person** beziehen. Dies kann einfach gezeigt werden, indem wir im folgenden Schrift mit Schrift vergleichen:

1.4.1. In Apostelgeschichte 20,17 lässt Paulus die »Ältesten (›Presbyter‹) der Gemeinde« nach Milet herüberrufen. Diese selben »Ältesten« werden in Kapitel 20,28 »Aufseher« (»Bischöfe«) genannt.

1.4.2. In Titus 1,5 gebietet Paulus Titus, »Älteste« (»Presbyter«) anzustellen, nennt aber unmittelbar im Anschluss die Qualifikationen für einen »Aufseher« (»Bischof«) (1,7), was wiederum beweist, dass »Älteste« und »Aufseher« die gleichen Personen sind.

2. Wir wollen uns nun mit der Frage beschäftigen, **wie Älteste ausgewählt oder angestellt werden.**

2.1. Letztendlich kann nur der Heilige Geist einen Mann zu einem Ältesten machen (Apg 20,28). Eine Gemeinde kann eine feierliche Zusammenkunft zur Einsetzung von Ältesten einberufen; aber eine Stimmenmehrheit gibt noch keinem Menschen das Herz eines Aufsehers.

2.2. Die schriftgemäße Ordnung scheint die zu sein, dass Gott Männer zu Aufsehern macht; und während sie dann ihre

Arbeit ausführen, erkennt die Gemeinde sie als von Gott eingesetzte Aufseher an.

2.3. Wenn dagegen angeführt wird, dass Paulus und andere Aufseher einsetzten (Apg 14,23; Tit 1,5), dann ist die Antwort ganz einfach, dass dies zu einer Zeit geschah, als das Neue Testament in schriftlicher Form noch nicht in den Gemeinden vorlag. Da keine schriftlichen Anweisungen bezüglich der Qualifikationen von Ältesten vorhanden waren, hingen die Gemeinden von den Aposteln oder ihren unmittelbar Beauftragten ab. Wir sollten auch beachten, dass Paulus niemals bei seinem ersten Besuch in einer Gemeinde schon Älteste anstellte. Er ließ statt dessen Zeit vergehen, bis die Ältesten, die Gott eingesetzt hatte, durch ihre Arbeit offenbar werden konnten. Dann sonderte er sie zur Anerkennung durch die Gemeinde aus.

3. Die Schrift lässt uns nicht im Dunkel, was die **Qualifikationen eines echten Aufsehers** oder Ältesten betrifft. Wir finden sie in 1. Timotheus 3,1-7 und in Titus 1,6-9 und könnten sie wie folgt zusammenfassen:

3.1. Zuallererst muss der Aufseher **untadelig** sein. Was seinen Ruf betrifft, so darf ihm nichts nachgesagt werden können. Es heißt nicht, dass er sündlos sein muss, aber untadelig. Wenn eine öffentliche Anklage gegen einen Mann erhoben wird und bewiesen werden kann, dann sollte er nicht die Aufgaben eines Aufsehers wahrnehmen.

3.2. Zweitens muss er der **Mann *einer* Frau** sein. Einige verstehen darunter, dass er verheiratet sein muss. Andere sehen darin das Verbot, dass einer, der mehrere Frauen hat, je Ältester werden kann. Letzteres ist definitiv wahr, doch in Bezug auf Ersteres kann man nicht ohne weiteres dogmatisch sein.

3.3. Weiter muss er **besonnen** sein, d. h. er darf sich nicht einfach gehen lassen, sondern muss **sich selbst in der Hand haben**.

86

Manche Menschen finden es schwierig, sich zu mäßigen. Sie neigen immer zu Extremen. Solche Personen können in der Gemeinde aber keine Aufseher sein.

3.4. Der Älteste muss **nüchtern** sein. Er muss durch sein Leben zeigen, dass das Christentum nicht einfach ein netter Zeitvertreib, ein oberflächliches Spiel ist. Der Älteste hat Fragen von Leben und Tod anzupacken.

3.5. Der Älteste muss **sittsam** sein oder, anders übersetzt, »**ordnungsliebend**«. Schlampigkeit oder zwielichtige Methoden stehen jemand schlecht an, der in einem Haus dienen möchte, wo Ordnung herrschen soll.

3.6. Dann lesen wir »**gastfrei**«. sein Haus sollte für das Volk Gottes immer offenstehen. Es sollte dem Haus von Lazarus, Maria und Martha in Bethanien gleichen - einem Ort, wo der Herr Jesus sich gern aufhielt.

3.7. Der Aufseher sollte **lehrfähig** sein. Wenn er auch vielleicht kein herausragend begabter Lehrer ist, so sollte er doch genügend Erfahrung und Festigkeit im Umgang mit der Schrift haben, um dem Volk Gottes helfen zu können, wenn Probleme auftauchen.

3.8. Er darf **kein Trinker** sein oder, wie eine andere Übersetzung sagt, **kein Zänker**. Beide sind eng miteinander verwandt. Jemand der nicht einmal seinen eigenen Appetit unter Kontrolle hat, hat sicher keine Vertrauensstellung in der Gemeinde verdient.

3.9. Er darf **kein Schläger** sein. Die wörtliche Bedeutung ist, dass er gegen andere nicht Gewalt anwenden darf. Einen Sklaven oder Diener zu schlagen wäre beispielsweise unvereinbar mit Ältestenschaft.

3.10. Er darf **nicht schändlichem Gewinn nachgehen**. Der wahre Aufseher weiß, dass Geld für den Herrn und zur Förderung seiner Interessen da ist. Ein habgieriger, geiziger Christ ist eine Absurdität.

3.11. Er muss **gütig und geduldig** sein. Sein Meister war sanftmütig, und der Knecht ist nicht über seinem Meister. Sanftmut und Geduld sind in der Welt vielleicht keine Tugenden mehr, aber sie sind es immer noch im Reich Gottes.

3.12. Er darf **nicht streitsüchtig** sein. Manche beginnen bereits bei der geringsten Ursache zu streiten und zanken sich wegen belangloser Kleinigkeiten. Ein Aufseher darf das nicht.

3.13. Dann darf er weiter **nicht geldliebend oder habsüchtig** sein. Habsucht heißt, etwas besitzen zu wollen, obwohl dies nicht Gottes Wille für uns ist. Darum ist Habsucht Götzendienst, weil sie unseren eigenen Willen über den Willen Gottes stellt.

3.14. Der Älteste muss **seinem eigenen Haus gut vorstehen** und die Kinder mit aller Ehrbarkeit in Unterordnung halten - Kinder, die gläubig und nicht eines ausschweifenden Lebens beschuldigt oder zügellos sind. Der Grund für diese Forderung liegt auf der Hand: »Wenn aber jemand dem eigenen Haus nicht vorzustehen weiß, wie wird er für die Gemeinde Gottes sorgen?« (1 Tim 3,5)

3.15. Er darf **kein Neubekehrter** sein. Dies deutet schon die Bezeichnung »Ältester« an. Geistliche Reife ist notwendig. Ein Mann kann alt an Jahren und doch nicht für geistliche Aufsicht qualifiziert sein aus Mangel an Erfahrung als Christ. Die Gefahr ist, dass ein Neubekehrter vor Stolz aufgebläht wird und dem Gericht des Teufels verfällt.

3.16. Er muss **ein gutes Zeugnis haben** von denen, die draußen sind. Die Welt sollte ihn als einen Mann mit christlichem Charakter und Integrität kennen.

3.17. Er darf **nicht eigenmächtig** und **nicht jähzornig** sein, sondern muss das Gute lieben. Er muss gerecht und heilig sein. Schließlich muss er an dem der Lehre gemäßen zuverlässigen Wort festhalten, d. h. er muss den Glauben verteidigen können.

Um die Qualifikationen des Ältesten zusammenzufassen, können wir sagen, dass er sich selbst unter Kontrolle haben, sein Haus unter Kontrolle haben, und ein Kämpfer für die Wahrheit Gottes sein muss.

Wir sollten bedenken, dass die Bibel nicht sagt, dass der Älteste ein ordinierter Kleriker sein muss. Sie sagt nicht, dass er ein Universitätsdiplom haben muss. Sie sagt nicht, dass er ein erfolgreicher Geschäftsmann sein muss. Es ist von keiner Bedeutung, ob er in der Gesellschaft eine wichtige Rolle spielt. Nichts wird über seine persönliche Erscheinung oder die Größe seines Bankkontos gesagt. Er kann ein buckliger, unansehnlicher, alter Straßenkehrer sein und gleichzeitig Ältester in der Gemeinde Gottes. Wir sollten einmal ernsthaft darüber nachdenken. Es ist zweifellos eines der größten Probleme in der heutigen Gemeinde, dass man Männer als Älteste anerkennt, die nicht die geistlichen Voraussetzungen dazu haben. Weil ein Mann erfolgreich im Geschäft ist, wird er in eine Führungsstelle in der Gemeinde katapultiert, obwohl er wenig oder gar kein geistliches Leben hat. Das Ergebnis ist ein Übermaß an allem, was man für Geld kaufen kann und ein großer Mangel an geistlicher Kraft.

4. Was sind die **Aufgaben** von Ältesten?

4.1. Zuerst sollen sie **die Herde Gottes weiden** (1Petr 5,2; Apg 20,28). Sie tun dies durch den Dienst an Gottes Wort. Dies muss nicht unbedingt öffentlicher Dienst sein, sondern ist ganz sicher auch Besuchsdienst in den Häusern.

4.2. Zweitens sollen sie **die Arbeit von Aufsehern verrichten.** »Indem ihr die **Aufsicht ... führet**«, schreibt Petrus (1Petr 5,2; nichtrev. Elb. Übers.). Was heißt das? Der Rest dieser Stelle erklärt, was es heißt und was es nicht heißt:

4.2.1. Es heißt nicht, dass man aus Zwang dient. Es muss ein **bereitwilliger Dienst** sein.

4.2.2. Es heißt nicht, dass man für finanziellen Gewinn arbeitet: »**Nicht aus schändlicher Gewinnsucht**, sondern bereitwillig«.

4.2.3. Es heißt nicht, dass man über Gottes Besitztum Herrschaft ausübt. Der Älteste ist **kein Diktator**, kein Sklaventreiber, kein General.

4.2.4. Aber es heißt, dass man ein **Vorbild für die Herde** ist. Der Älteste muss bedenken, dass der Gute Hirte seine Schafe nicht treibt - er führt sie. Jeder Unterhirte sollte dasselbe tun. Menschlich gesehen wäre es viel einfacher, wenn man eine zentrale menschliche Autorität in der Gemeinde hätte, so dass aus einem Hauptquartier die Befehle ausgehen könnten und der Gehorsam so zwangsweise gesichert wäre. Aber dies ist nicht der Weg Gottes. Die Ältesten beaufsichtigen die Gemeinde, indem sie Vorbilder der Herde sind.

4.3. In einem sehr realen Sinn **geben die Ältesten den Ton in einer Gemeinde an**. Wo es Älteste gibt, die gottesfürchtige Männer sind, die den Herrn in ihrem Leben an die erste Stelle setzen, und die die Gnade des Herrn Jesus ausstrahlen, da kann man erwarten, eine gesunde, geistliche Gemeinde zu finden. Wo andererseits die Ältesten in die Dinge der Welt verwickelt sind, von äußeren Interessen festgehalten, zu beschäftigt, um das Wort zu lesen oder zu beten, kann man auch Kälte und Leblosigkeit unter der Herde erwarten.

4.4. Weiter wird von den Ältesten gesagt, dass sie sich **der Schwachen annehmen** sollen:

»Ich habe euch in allem gezeigt, dass man so arbeitend sich der Schwachen annehmen und an die Worte des Herrn Jesus denken müsse, der selbst gesagt hat: Geben ist seliger als Nehmen« (Apg 20,35).

Der Kontext macht deutlich, dass sie bereit sein sollen, die, die in Not sind, mit materieller Hilfe zu unterstützen. Das ist sehr interessant. Anstatt von der Herde zu leben, sollten sie ihren Lebensunterhalt mit der Herde teilen.

4.5. Endlich sollen die Ältesten **überführen, strafen und ermahnen** (2Tim 4,2; Tit 1,13; 2,15). Was immer sich dem Glauben widersetzt, muss mit aller Autorität zurückgewiesen werden. Die, die gesunde Lehre nicht ertragen, sollen überführt und ermahnt werden. Der Älteste muss ernsthaft für den Glauben eintreten.

5. Welche **Haltung** sollte die **Gemeinde den Ältesten gegenüber** einnehmen?

Aus 1. Timotheus 5,17.18 geht klar hervor, dass einige Älteste von der Gemeinde finanziell unterstützt wurden:

»Die Ältesten, die gut vorstehen, lass doppelter Ehre würdig geachtet werden, besonders die in Wort und Lehre arbeiten. Denn die Schrift sagt: ›Du sollst dem Ochsen, der da drischt, nicht das Maul verbinden‹, und: ›Der Arbeiter ist seines Lohnes wert‹.« Es ist ebenso klar, dass andere selbst für ihren Lebensunterhalt arbeiteten. Paulus selbst ist ein herausragendes Beispiel dafür (1Kor 4,12).

Christen sollten gegen einen Ältesten keine Klage annehmen, außer bei zwei oder drei Zeugen (1Tim 5,19). Dann sollten die Aufseher anerkannt, es sollte ihrer gedacht und ihnen gehorcht werden: »Wir bitten euch aber, Brüder, dass ihr die anerkennt, die unter euch arbeiten und euch vorstehen im Herrn und euch zurechtweisen, und dass ihr sie ganz besonders in Liebe achtet um ihres Werkes willen« (1Thes 5,12.13).

»Gedenket eurer Führer, die das Wort Gottes zu euch geredet haben! Schaut den Ausgang ihres Wandels an und ahmt ihren Glauben nach! Jesus Christus ist derselbe gestern und heute und in Ewigkeit« (Hebr 13,7.8).

»Gehorcht und fügt euch euren Führern, denn sie wachen über eure Seelen, als die da Rechenschaft geben sollen, damit sie dies mit Freuden tun und nicht mit Seufzen, denn dies wäre euch nicht nützlich« (Hebr 13,17).

6. Schlussendlich weisen wir auf den **Lohn** für die Aufseher hin:

»Und wenn der Oberhirte offenbar geworden ist, so werdet ihr den unverwelklichen Kranz der Herrlichkeit empfangen« (1Petr 5,4).

Anmerkungen:

1) Albert Barnes, Notes on the New Testament, London (Blackie and Son), Bd. 8, Seite 155

Kapitel 14
Die Diener

In unserem Studium über die Aufseher haben wir gesehen, dass ihre Aufgabe die geistliche Pflege und Aufsicht im Haus Gottes ist. Wir erfuhren, dass Aufseher auch Älteste genannt werden, und dass es im Neuen Testament mehrere Aufseher (»Bischöfe«) gibt, statt umgekehrt einen Aufseher (»Bischof«) über mehrere Gemeinden. Wir beschäftigen uns nun mit den **Dienern** (»Diakone«), wer sie sind, und was ihre Aufgaben umfasst.

1. Das Wort »Diakon« bedeutet einfach »Diener« - ein Mann, der einem bestimmten Dienst nachgeht. Oft wird dieses Wort im Neuen Testament in diesem allgemeinen Sinn verwendet. So wird z. B. ein offiziell angestellter Staatsbeamter, der öffentliche Verantwortung trägt »Diener (›Diakon‹) Gottes« genannt (Röm 13,4). Phöbe wird als »Dienerin (›Diakonin‹) der Gemeinde von Kenchreä« bezeichnet (Röm 16,1). Christus selbst wird als »Diener (›Diakon‹) der Beschneidung um der Wahrheit Gottes willen« beschrieben (Röm 15,8). Im Laufe der Zeit wurde dieser Titel auf die sieben Männer angewandt, die in Apostelgeschichte 6,1-7 ausgewählt wurden, um die Verteilung der materiellen Gaben in die Hand zu nehmen. Aber die Bedeutung ist eigentlich viel weiter. Jeder, der nicht direkt ein Ältester ist, aber dennoch in Verbindung mit der örtlichen Gemeinde dient, ist ein »Diener« (»Diakon«).

2. Wenn auch die genauen Aufgaben von Dienern nirgendwo im Einzelnen aufgeführt werden, so werden doch ihre **Qualifikationen** mit großer Deutlichkeit in 1. Timotheus 3 beschrieben. Von Vers 8 ab lesen wir: »Ebenso die Diener: ehrbar, nicht doppelzüngig, nicht vielem Wein ergeben, nicht schändlichem Gewinn nachgehend, die das

Geheimnis des Glaubens in reinem Gewissen bewahren. Lass sie aber auch zuerst erprobt werden, dann lass sie dienen, wenn sie untadelig sind. Ihre Frauen sollen ebenso ehrbar sein, nicht verleumderisch, nüchtern, treu in allem. Die Diener seien jeweils Mann einer Frau und sollen den Kindern und den eigenen Häusern gut vorstehen; denn die, welche gut gedient haben, erwerben sich eine schöne Stufe und viel Freimütigkeit im Glauben, der in Christus Jesus ist.«

2.1. Hier nun ist die erste Forderung **Ehrbarkeit**. Ein Mann, der leichtsinnig und oberflächlich ist, wird wahrscheinlich kaum das Vertrauen derer gewinnen, denen er dient.

2.2. Dann darf der Diener **nicht doppelzüngig** sein.

D. h. er muss ein gewisses Rückgrat haben. Er darf nicht bestimmten Personen eine Sache so erzählen und anderen wieder eine andere Version davon geben. Ehrlichkeit und Geradheit sind unabdingbar. Besonders wenn sein Dienst auch den Umgang mit Geld einschließt, sollte er sich solche Vorgehensweise aneignen, die auch nur die geringste Möglichkeit von Verdacht oder Misstrauen ausschließen.

2.3. Er darf **nicht vielem Wein ergeben** sein. Niemand kann Vertrauen in einen Trunksüchtigen setzen. Die Erfahrung lehrt, dass Trunksucht und die damit verbundene Haltlosigkeit die Feinde von Genauigkeit und Zuverlässigkeit sind. Sie ruinieren das Zeugnis eines Menschen für Gott und machen ihn unbrauchbar im Dienst für Gott.

2.4. Auch darf er **nicht schändlichem Gewinn nachgehen** (viele dieser Forderungen sind mit denen für einen Aufseher identisch). Eine habsüchtige Haltung ist ein Fallstrick. Wenn eines Menschen Herz darauf gerichtet ist, Reichtum anzuhäufen, kann er von dieser Leidenschaft so besessen werden, dass jede andere Aktivität in seinem Leben sich diesem Ziel unterordnen muss. Das Reich Gottes und seine Gerechtigkeit nimmt nicht mehr den ersten Platz in seinem Leben ein, und die Arbeit für Gott wird schlampig und unbrauchbar.

2.5. Der Diener muss **das Geheimnis des Glaubens in reinem Gewissen bewahren**. Das ist wichtig. Es genügt nicht für ihn, die Wahrheit nur zu kennen. Er muss die Wahrheit praktizieren mit einem Gewissen frei von Unrecht gegenüber Gott. Hymenäus und Alexander kannten beide das Wort, aber sie spielten mit der Sünde, d. h. mit böser Lehre (2Tim 2,17). Sie ertränkten allmählich die Stimme des Gewissens und erlitten im Hinblick auf den Glauben Schiffbruch (1Tim 1,19.20). Es gibt keinen Ersatz für ein zartes Gewissen, das sofort erkennt, was Gott nicht gefällt, und das ebenso schnell die Seite des Herrn gegen die betreffende Sache einnimmt.

2.6. Als nächstes lesen wir: »Lass sie aber auch **zuerst erprobt** werden, dann lass sie dienen, wenn sie untadelig sind.« Dies ist ein göttlicher Grundsatz von beträchtlicher Wichtigkeit. »Lass sie aber auch zuerst erprobt werden.« An einer anderen Stelle lesen wir: »Die Hände lege niemand schnell auf« (1Tim 5,22). Diese Ermahnung haben wir alle nötig. Wir alle neigen dazu, von einer Person beeindruckt zu sein, wenn wir sie das erste Mal treffen. Sofort wollen wir einem solchen eine verantwortliche Stellung geben. Nach einer gewissen Zeit merken wir dann oft, dass es eine übereilte Handlung war. »Nicht alles ist Gold, was glänzt.« Wir haben ihn auf einer zu schmalen Grundlage beurteilt.

2.7. Die nächste Qualifikation von Dienern scheint sich dem Anschein nach mit ihren Frauen zu beschäftigen. Wir lesen in der hier allgemein verwendeten revidierten Elberfelder Übersetzung: »**Ihre Frauen sollen ebenso ehrbar sein, nicht verleumderisch, nüchtern, treu in allem.**«

Doch glauben wir, dass die nichtrevidierte Elberfelder Übersetzung den Sinn treffender wiedergibt. Dort steht: »Die Frauen desgleichen, würdig, nicht verleumderisch, nüchtern, treu in allem.« Der Punkt, worum es uns geht, ist der, dass die hier angesprochenen Frauen nicht unbedingt die Frauen der Diener sind, sondern viel eher solche, die selbst Dienerinnen sind. Phöbe war z. B. eine Dienerin (»Diakonin«) (Röm 16,1).

Es wäre unverständlich, warum die Frauen von Dienern besondere Qualifikationen aufweisen sollten, während bezüglich der Frauen von Aufsehern nichts dergleichen gesagt wird.

Jedoch löst sich dieses Problem auf einfache Weise, wenn wir den Vers so verstehen, dass er sich auf Frauen bezieht, die in der örtlichen Gemeinde dienen (manche meinen, dass er sich sowohl auf die Frauen der Diener als auch die der Aufseher bezieht).

2.8. Ebenso wie im Fall der Ältesten erfahren wir, dass ein Diener **Mann *einer* Frau** sein und **seinen Kindern und seinem eigenen Haus gut vorstehen muss.** Wir haben bereits daran gedacht, dass ein Mann, der nicht einmal in seinen eigenen vier Wänden Autorität besitzt, diese umso weniger in der Gemeinde haben wird.

3. Der **Lohn eines Dieners** ist zweifach. Wenn jemand als Diener gut dient, »erwirbt er sich eine schöne Stufe«. Er gewinnt für sich Vertrauen und geistliches Ansehen unter seinen Mitheiligen (vgl. Fußnote rev. Elb. Übers.: »Stufe: wahrscheinlich eine Vertrauensstellung in der Gemeinde«) und eine gute Aussicht, was den Lohn vor dem Richterstuhl des Christus betrifft.

Zweitens erwirbt er sich viel Freimütigkeit im Glauben, der in Christus Jesus ist. Natürlich misst die Welt einem solchen Ziel so gut wie keinen Wert bei. Für sie ist das viel zu abstrakt, zu verschwommen, zu vage. Aber für das Kind Gottes ist es kostbarer als Gold oder Juwelen.

Was die **materielle Unterstützung von Dienern** betrifft, gilt der gleiche Grundsatz wie im Fall der Aufseher. Einige sind gleichzeitig in einem weltlichen Beruf beschäftigt und sorgen dadurch für ihre eigenen Bedürfnisse. Andere wieder widmen sich ganz dem Werk des Herrn, und für solche gilt der Grundsatz:

»So hat der Herr denen, die das Evangelium verkündigen, verordnet, vom Evangelium zu leben« (1Kor 9,14).

»Wer im Wort unterwiesen wird, gebe aber dem Unterweisenden an allen Gütern Anteil« (Gal 6,6).

4. Zum Abschluss unseres Studiums über die Diener, wollen wir wieder auf Philipper 1,1 hinweisen. Dort finden wir drei Arten von Menschen erwähnt, die es in der Gemeinde Gottes gibt - Heilige, Aufseher und Diener. Es ist bemerkenswert, dass dies die einzigen »Klassen« sind, die genannt werden. Zuerst die Heiligen, dann die Aufseher, dann die Diener. Das Fehlen jeder anderen Klasse sollte wohl beachtet werden, wie auch Barnes in seinem »Kommentar über das Neue Testament« betont:

Es gibt nicht »drei klerikale Klassen« im Neuen Testament. Der Apostel Paulus nennt in diesem Kapitel (1Tim 3) ausdrücklich die Wesenszüge derer, die Verantwortung in der Gemeinde tragen sollten, aber er erwähnt nur zwei, nämlich »Aufseher« und »Diener«. Die ersten sind Diener des Wortes, die für die geistlichen Bedürfnisse der Gemeinde verantwortlich sind; die anderen sind Diener, bezüglich derer es keinen Hinweis gibt, dass sie zum Predigen angestellt wurden - es gibt nämlich keine »dritte« Klasse. Es gibt keine einzige Anspielung auf irgend jemand, der den Aufsehern und Dienern »vorgesetzt« gewesen wäre. Da der Apostel Paulus ausdrücklich Anweisungen bezüglich der Organisation der Gemeinde gibt, ist eine derartige Auslassung. undenkbar, wenn es seiner Meinung nach eine Klasse von »Würdenträgern« in der Gemeinde gegeben hätte. Warum werden sie nicht erwähnt? Warum gibt es keinen Hinweis auf ihre Qualifikationen? Wenn Timotheus selbst ein solcher »Würdenträger« war, hätte er dann nicht irgendwie Bescheid wissen sollen, wie man ein derartiges Amt anderen überträgt? Gab es keine besonderen Qualifikationen für eine solche Klasse von Männern, die zu erwähnen äußerst angebracht gewesen wäre? Wäre es von Paulus nicht zumindest höflich gewesen, in seiner Anrede an Timotheus auf ein solches Amt anzuspielen, wenn es dieser innegehabt hätte?[1]

Die Antwort ist natürlich, dass es in der Verwaltung der neutestamentlichen Gemeinde keine anderen Klassen als Aufseher und Diener gibt, sonst hätte Paulus diese erwähnt. Die gewaltigen hierarchischen Strukturen der kirchlichen Systeme unserer Tage sind von Menschen ohne die geringste Berechtigung aus dem Wort Gottes einfach dazukonstruiert worden.

Anmerkungen:

1) Albert Barnes, Notes on the New Testament, London (Blackie and Son), Bd. 8, Seite 155

Kapitel 15
Die Finanzen der Gemeinde

1. Die Quelle der Gemeindegelder

Im ganzen Neuen Testament wird sowohl direkt als auch indirekt gesagt, dass die Gemeinde ihre Mittel von denen erhält, die sich innerhalb befinden. Es gibt nicht den geringsten Hinweis darauf, dass Ungläubige außerhalb der Gemeinde zu ihrer Unterstützung beitragen. Das Geben eines Christen ist eine gottesdienstliche Handlung und deshalb denen vorbehalten, die durch das kostbare Blut Christi erkauft worden sind. Es gibt auch keine Hinweise, dass eine örtliche Gemeinde von einer anderen Gemeinde, einer Gemeindegruppe oder einem kirchlichen oder staatlichen Gremium finanziert, bezuschusst oder sonstwie materiell unterstützt wird. Jede örtliche Gemeinde sollte sich selbst tragen. Die wichtigsten Lehren des Neuen Testaments über diesen wichtigen Gegenstand der Gemeindefinanzen könnten folgendermaßen skizziert werden:

1.1. **Aller Besitz eines Christen gehört Gott.** Der Gläubige sollte als Verwalter handeln, der alles, was er hat, in der bestmöglichen Weise zur Verherrlichung seines Herrn verwendet (vgl. Lk 16,1-12). F. B. Meyer schreibt darüber:

»Wir sollen Verwalter sein. Das heißt, dass wir das Geld unseres Herrn nicht für uns selbst anhäufen, sondern dass wir alles, was wir nicht zum Lebensunterhalt für uns und unsere Familie benötigen, für ihn einsetzen, und zwar an dem Platz im Leben, an den uns Gott gestellt hat. Und unser einziges Ziel in der Welt sollte sein, das Geld unseres Herrn möglichst vorteilhaft einzusetzen, so dass wir ihm mit Freude Rechenschaft ablegen können, wenn er wiederkommt, um diese von uns zu fordern!«[1]

1.2. Der Christ wird angewiesen, **für das Werk des Herrn zu geben.**

1.2.1. **Wann** sollte er geben? »An jedem ersten Wochentag lege jeder von euch bei sich zurück« (1Kor 16,2).

1.2.2. **Wieviel** soll er geben?

1.2.2.1. »Je nachdem er Gedeihen hat« (1Kor 16,2).

1.2.2.2. Wie Christus gegeben hat. Er war reich, aber wurde um unseretwillen arm, damit wir reich würden (2Kor 8,9). Er ist unser Vorbild.

1.2.2.3. Wir sollten aus unserem Mangel geben, nicht aus unserem Überfluss (Mk 12,44).

1.2.2.4. Kurz, der Christ sollte großherzig geben. Der Zehnte war das Minimum, was ein Israelit gab. Er brachte aber auch den Zehnten und Opfergaben dar. Kein Christ sollte sich damit begnügen, unter der Gnade nur das zu geben, was der Minimalforderung unter dem Gesetz entsprach.

1.2.3. In welcher **Haltung** sollte er geben?

1.2.3.1. Er sollte sich selbst zuerst dem Herrn geben (2Kor 8,5) und damit anerkennen, dass alles ihm gehört.

1.2.3.2. Das Geben muss in Liebe geschehen (1Kor 13,2), sonst ist es wertlos.

1.2.3.3. Es sollte im Verborgenen geschehen (Mt 6,1-4) - so verborgen, dass die Linke nicht weiß, was die Rechte tut, um eine bekannte Redewendung zu gebrauchen.

1.2.3.4. Es sollte fröhlich, nicht widerwillig sein (2Kor 9,7).

1.2.3.5. Wir lesen, dass die frühen Christen ihre Besitztümer verkauften und ihr Eigentum miteinander teilten (Apg 2,44.45; 4,31-37). Dies war ein äußerer Ausdruck ihrer wahren geistlichen Gemeinschaft. Während uns diese besondere Form des Mitteilens nicht ausdrücklich empfohlen wird, geht doch deutlich daraus hervor, dass Gläubige, wenn sie mit Heiligem Geist erfüllt sind, für jedes echte Bedürfnis großherzig zu geben bereit sind.

1.2.4. Was ist der **Lohn für unser Geben**?

1.2.4.l. Wenn wir mit dem ungerechten Mammon treu sind (d. h. in der Verwendung unseres Geldes), wird Gott uns das Wahrhaftige (geistliche Reichtümer) anvertrauen (Lk 16,11).

1.2.4.2. Die Frucht mehrt sich zugunsten der Rechnung des Gebers (Phil 4,17). Er wird einen Schatz im Himmel haben (Mt 6,19-21), denn seine Gaben sind »ein duftender Wohlgeruch, ein angenehmes Opfer, Gott wohlgefällig« (Phil 4,18).

1.3. **Diejenigen, die die Gemeindefinanzen verwalten**, sollten über jeden Tadel erhabene Methoden verwenden. »Denn wir sind auf das Rechte bedacht, nicht allein vor dem Herrn, sondern auch vor den Menschen« (2Kor 8,21). Mindestens zwei Männer sollten für die Einsammlung der Gaben verantwortlich sein. In Apostelgeschichte 6,1-6 lesen wir, dass sieben Männer eingesetzt wurden, um die Verteilung der materiellen Güter an die Witwen der Gemeinde zu überwachen. Die Briefe enthalten keine definitiven Anweisungen, wieviele Personen mit der Verwaltung der Gelder betraut sein sollen, doch geht aus 1. Korinther 16,3.4 und 2. Korinther 8,18.19 deutlich hervor, dass mehr als einer mit dieser Verantwortung betraut wurde. In der ersten Stelle sagt Paulus, dass er solche, die die Korinther für bewährt hielten, mit der Gabe nach Jerusalem senden wollte, und dass er, wenn nötig, auch selber zu gehen bereit wäre. Beachten wir jeweils die Mehrzahl - »solche« (Vers 3) und »sie« (Vers 4). In der zweiten Stelle erklärt Paulus, dass ein anderer Bruder zu seinem Reisegefährten für diese Aufgabe der Überbringung der Gabe der Gemeinde bestimmt worden war.

2. Die Verwendung der Gemeindegelder

Das Neue Testament zeigt uns drei hauptsächliche Bereiche für die Verwendung der Gemeindegelder, nämlich für die Witwen in der Gemeinde, für arme Gläubige und für die, die ihre ganze Zeit der Predigt und Lehre des Wortes widmen.

2.1. **Für die Witwen in der Gemeinde** (Apg 6,1-6). Um als »wirkliche Witwe« (1Tim 5,3-16) angesehen zu werden, musste eine Frau folgenden Anforderungen entsprechen:

2.1.1. Sie musste vereinsamt sein, d.h. ohne Verwandte, die sie unterstützen könnten, und bezüglich ihrer Bedürfnisse völlig auf den Herrn geworfen (Verse 4.5.16).

2.1.2. Sie musste mindestens sechzig Jahre alt sein.

2.1.3. Sie musste bekannt sein für ihre

2.1.3.1. guten Werke

2.1.3.2. vorbildliche Mutterschaft

2.1.3.3. Gastfreundschaft

2.1.3.4. praktische Nächstenliebe (Vers 10)

2.2. **Für die armen Gläubigen.** Gott ermahnt uns häufig in seinem Wort, der Armen zu gedenken (z. B. Gal 2,10; Röm 12,13); und die Wohlfahrt seines Volkes im Alten Testament ist eng verbunden mit der Art und Weise, wie man die bedürftigen Brüder behandelte (5Mo 14,29).

Um das Jahr 45 n. Chr. wurden viele Christen in Judäa von Armut heimgesucht. Der Grund dafür lag wahrscheinlich in der schlimmen Verfolgung und einer weitverbreiteten Hungersnot. Die Gläubigen in Antiochien sandten eine Hilfeleistung an die Brüder in Judäa durch die Hand von Barnabas und Saulus (Apg 11,27-30). Die Gemeinde in Korinth wurde ermuntert, dasselbe zu tun (1Kor 16,1-3; 2Kor 8 und 9). Ebenso sind auch wir verantwortlich, uns um die Bedürftigen zu kümmern. Der Herr Jesus sagte: »Die Armen habt ihr allezeit bei euch« (Mk 14,7). Es ist gut für eine Gemeinde, arme Glieder zu haben, für die sie unter Übung der Gewissen vor Gott Sorge tragen kann. Barnes weist darauf hin, dass es ein wunderbarer Weg ist, Christen einzumachen und Entfremdung und Neid und Streit vorzubeugen, wenn man einen gemeinsamen Gegenstand der Fürsorge hat, an dem alle ein Interesse haben, und zu dem alle beisteuern können.

Die Gemeinde ist jedoch nicht für die verantwortlich, die arm sind, weil sie nicht arbeiten wollen. In solchen Fällen gilt der göttliche Grundsatz: »Wenn jemand nicht arbeiten will, soll er auch nicht essen« (2Thes 3,10).

2.3. Für die, die ihre ganze Zeit dem Werk des Herrn widmen.

2.3.1. Es ist ein göttlicher Grundsatz, dass diejenigen, die das Evangelium verkündigen oder das Wort lehren, einen Anspruch auf die Unterstützung der Heiligen haben:

»Wer im Wort unterwiesen wird, gebe aber dem Unterweisenden an allen Gütern Anteil« (Gal 6,6; vgl. auch 1Kor 9,4-14; 1Tim 5,17.18).

2.3.2. Oft jedoch arbeitete der Apostel Paulus mit eigenen Händen, anstatt Unterstützung von den Gemeinden anzunehmen (Apg 18,3). Seine Gründe dafür waren:

2.3.2.1. Um den Ephesern ein Beispiel zu geben, damit auch sie die Schwachen unterstützen und den Segen des Gebens erfahren würden (Apg 20,33-35).

2.3.2.2. Um zu verhindern, dass seine Kritiker in Korinth ihm finanzielle Interessen unterschieben konnten (2Kor 11,7-12).

2.3.2.3. Um zu verhindern, dass die Gläubigen in Thessalonich mit der Unterstützung für ihn belastet würden (1Thes 2,9; 2Thes 3,7-9). Diese Gläubigen waren arm und wurden außerdem verfolgt.

2.3.3. Die Gemeinde von Philippi wird für ihre Unterstützung für Paulus gelobt. Beachten wir, dass Paulus diese Gemeinschaft des Gebens und Empfangens nicht aufgrund seiner eigenen Bedürfnisse suchte, sondern weil er wollte, dass die Frucht sich zugunsten ihrer Rechnung mehrte.

2.3.4. Beachten wir ebenfalls, dass der Apostel niemals seine persönlichen Bedürfnisse veröffentlichte, andererseits aber nicht zögerte, die Bedürfnisse anderer Gläubiger bekanntzumachen (2Kor 8 und 9). Es besteht also ein großer Unterschied zwischen Information und aktivem Bitten. Wie Dr. Chafer betont: »Alle werden zugeben, dass Information nötig ist, sonst ist kein einsichtsvolles Geben möglich; aber das tatsächliche Problem dreht sich um die Frage des Bittens und Bettelns.«

3. Schluss

Der Leser des Neuen Testaments stellt selbst fest, wie wunderbar einfach die finanziellen Dinge der Gemeinde geregelt sind. Es gibt weder drückende gesetzliche Vorschriften, noch eine weitverzweigte hochkomplizierte finanzielle Organisation. Wenn man den einfachen Grundsätzen der Schrift folgen würde, würden sich daraus zwei wichtige Dinge ergeben:

3.1. Die Bedürfnisse der Gemeinde würden ohne jede Bettelei reichlich befriedigt.

3.2. Die Gemeinde könnte von der Welt nicht als eine geldscheffelnde Institution angeklagt werden.

Anmerkungen:

1) F. B. Meyer, Elijah - And the Secret of His Power, London (Marshall, Morgan and Scott), Seite 52

Kapitel 16
Der Dienst der Frauen

1. Im Neuen Testament finden wir definitive Anweisungen über die Stellung und den Dienst der Frauen in der Gemeinde. Diese Anweisungen können wir folgendermaßen kurz zusammenfassen:

1.1. Was Fragen wie **Errettung oder Annahme vor Gott** betrifft, steht die Frau **auf gleicher Ebene mit dem Mann**. »Da ist nicht Mann und Frau; denn ihr alle seid einer in Christus Jesus« (Gal 3,28).

1.2. Dies heißt jedoch nicht, dass die **Unterschiede zwischen den Geschlechtern** in der Gemeinde abgeschafft sind. Wenn es um Dinge des täglichen Lebens geht, unterscheidet die Schrift zwischen Mann und Frau. So finden wir beispielsweise in Epheser 5 die Ermahnungen:

»Ihr Frauen, seid unterwürfig euren eigenen Männern (Vers 22; nichtrev. Elb. Übers.). Ihr Männer, liebt eure Frauen« (Vers 25).

1.3. Wir können also sagen, dass die Frau, was **ihre Stellung vor Gott** betrifft, exakt genauso wie der Mann behandelt wird. Was aber **ihre Stellung in der Gemeinde** betrifft, so besteht ein Unterschied. Dieser Unterschied ist kurz gesagt der, dass die Frau **dem Mann untergeordnet** ist (1Kor 11,3).

2. Konkret werden im Wort folgende Anweisungen mitgeteilt, um die verschiedenen Weisen zu zeigen, in denen die Unterordnung der Frau sichtbar wird:

2.1. Sie muss **in der Gemeinde schweigen** (1Kor 14,34.35). Was mit »Schweigen« gemeint ist, wird weiter erklärt:

2.1.1. Es ist ihr nicht erlaubt, Männer zu lehren (1Tim 2,12).

2.1.2. Sie darf keine öffentlichen Fragen stellen (1Kor 14,35).

2.1.3. Sie soll in der Stille in aller Unterordnung lernen (1Tim 2,11).

2.2. Sie darf **nicht über den Mann herrschen** (1Tim 2,12).

2.3. Sie darf **nicht mit unverhülltem Haupt beten oder weissagen** (1Kor 11,5). Für sich allein genommen scheint dies zu sagen, dass eine Frau in der Gemeinde beten oder weissagen darf, vorausgesetzt, sie hat eine Bedeckung auf ihrem Haupt. Doch beschränkt 1. Timotheus 2,8 das öffentliche Beten auf die Männer: »Ich will nun, dass die Männer an jedem Ort beten.«

3. Wenn diese Anweisungen den Frauen in einer harten, gesetzlichen Weise aufgezwungen werden, resultieren daraus gewöhnlich zwei Dinge:

3.1. Gott wird nicht geehrt durch einen erzwungenen Gehorsam, der nicht aus dem Herzen kommt (Ps 51,19).

3.2. Die Frauen selbst neigen dazu, bitter und voller Groll zu werden. Wenn andererseits die Gründe für diese Anweisungen verstanden werden und darauf Gehorsam aus einem liebenden und ergebenen Herzen folgt, dann ist das sehr kostbar in den Augen des Herrn (1Sam 15,22).

4. Gott hat es in seiner Gnade gefallen, **einige grundlegende Prinzipien** in seinem Wort zu nennen, die erklären, **warum christliche Frauen sich ihren Männern unterordnen sollen**.

4.1. Als erstes hatte in der **Schöpfungsordnung** der Mann den Vorrang vor der Frau:

Denn Adam wurde zuerst gebildet, danach Eva (1Tim 2,13). Denn der Mann ist nicht von der Frau, sondern die Frau vom Mann (1Kor 11,8). Das Argument ist hier, dass Gott die Ordnung, die er in der Schöpfung eingesetzt hat, auch in der Gemeinde aufrechterhalten sehen möchte, nämlich, dass das Haupt der Frau der Mann ist (1Kor 11,3).

4.2. Zweitens deutet auch der **Zweck der Schöpfung** an,

dass der Mann das Haupt der Frau ist. »Denn der Mann wurde auch nicht um der Frau willen geschaffen, sondern die Frau für den Mann« (1Kor 11,9).

4.3. Drittens kam die **Sünde in die Welt**, als Eva die Autorität über ihren Mann, Adam, an sich riss. »Adam wurde nicht betrogen, die Frau aber wurde betrogen und fiel in Übertretung« (1Tim 2,14). Der Herr möchte nicht, dass seine neue Schöpfung durch eine derartige Rebellion befleckt wird, und darum weist er die Frauen an, sich unterzuordnen.

4.4. Viertens verweist Paulus auf das **durchgehende Zeugnis der Schriften des Alten Testaments**, um zu zeigen, dass Frauen sich unterordnen sollen (1Kor 14,34). »Sie sollen sich unterordnen, wie auch das Gesetz sagt.« Während dies kein einzelnes Gebot derart ausdrücklich sagt, ist es doch der Tenor des ganzen Alten Testaments.

4.5. Bezüglich der Anweisung, dass Frauen sich **beim Beten oder Weissagen bedecken** (oder verhüllen) sollen, werden **zwei Gründe** genannt:

4.5.1. Die Tatsache, dass **Engel zuschauen**. »Darum soll die Frau eine Macht (Fußn.: d.h. ein Zeichen der Macht, unter der sie steht) auf dem Haupt haben, um der Engel willen« (1Kor 11,10). Dieser Vers schildert uns die Engelscharen, wie sie Gottes Ordnung auf der Erde beobachten, und er sagt, dass die Frauen eine Bedeckung auf ihrem Haupt tragen sollen als Kenn- oder Abzeichen der Autorität des Mannes. Auf diese Weise sehen die Engel, dass die Übertretung Evas in der ersten Schöpfung sich in der neuen Schöpfung nicht wiederholt.

4.5.2. **Die Lektion, die uns die Natur selbst lehrt.** »Oder lehrt euch nicht selbst die Natur ...« (1Kor 11,14). In der ursprünglichen Schöpfung gab Gott den Frauen eine besondere Bedeckung - das lange Haar. Davon ausgehend argumentiert Paulus, dass dadurch ein göttlicher Grundsatz illustriert wird, nämlich dass eine Frau einen Schleier oder eine Bedeckung auf ihrem Haupt tragen soll, wenn sie betet oder weissagt.

5. Die Tatsache, dass die Frau dem Mann untergeordnet ist, lässt für manche vielleicht die vorschnelle Vermutung aufkommen, dass sie gar keinen Platz oder Dienst in Gottes Haushaltung hat. Jedoch widerlegt die Schrift diese Auffassung ganz eindeutig, indem sie zeigt, dass der **Dienst der Frau**, wenn er auch nicht in der Öffentlichkeit geschieht, dennoch **umfangreich und wichtig** ist.

5.1. Ihre Stellung mit ihrer Bedeutsamkeit und ihrem Segen wird vor allem durch das **Kindergebären** gekennzeichnet, worauf auch eine besondere Verheißung liegt (1 Tim 2,15). Dieser Vers (wenn auch leider manchmal missverständlich übersetzt) weist darauf hin, dass eine gottesfürchtige Mutter, wenn sie auch keinen Dienst in der Öffentlichkeit tun kann, deswegen keineswegs auf einen Platz der Nutzlosigkeit verbannt ist. Ihre Aufgabe ist es, ihre Familie in der Zucht und Ermahnung des Herrn aufzuziehen. Wenn sie und ihr Ehegatte im Glauben bleiben, hat sie vielleicht eines Tages Söhne, die das Wort lehren und predigen. So könnte der Ausdruck »sie wird aber gerettet werden« sich vielleicht - natürlich nicht auf die Errettung der Seele, und vielleicht auch nicht einmal auf die Errettung vom leiblichen Tod bei der Geburt - sondern auf die »Rettung« (im Sinn von Rechtfertigung, Erhaltung) der Stellung und des besonderen Vorrechts der Frau beziehen. Sie wird nicht zu einem Nichts degradiert, sondern darf diesen herrlichen Dienst ausüben, Kinder zu einem Leben zur Verherrlichung Gottes zu erziehen.

5.2. Viele **weitere Beispiele** für den Dienst der Frauen finden sich im Neuen Testament, wie:

5.2.1. **Dienen mit ihrer Habe** (Lk 8,3)

5.2.2. **Erweisen von Gastfreundschaft** (Röm 16,1)

5.2.3. **Belehrung der jüngeren Frauen** (Tit 2,4)

6. In Verbindung mit dem Dienst der Frauen tauchen zahlreiche **Einwände und Fragen** auf, wovon einige der häufigsten hier genannt werden:

6.1. Repräsentiert die Lehre von Paulus über dieses Thema nicht die Ansichten eines unverheirateten Mannes mit einem starken Vorurteil gegenüber Frauen?

Antwort: Im Gegenteil, dies sind die Lehren des Heiligen Geistes Gottes oder, wie Paulus in 1. Korinther 14,37 schreibt, ein »Gebot des Herrn«.

6.2. Ist es möglich, dass Paulus lediglich lehrte, was ein örtlich beschränkter Brauch seiner Zeit war, ohne den Gedanken, dass diese Situation auch auf uns heute anzuwenden ist?

Antwort: Sein erster Brief an die Korinther war nicht nur an die Gemeinde Gottes in Korinth geschrieben, sondern an »alle, die an jedem Ort den Namen unseres Herrn Jesus Christus anrufen« (1Kor 1,2). Deshalb sind diese Anweisungen von allgemeiner und weltweiter Bedeutung.

6.3. Deutet Paulus nicht in 1. Korinther 11,16 an, dass die Dinge, die er lehrte, nicht bindend waren, und dass solche Gewohnheiten oder Bräuche in den Gemeinden Gottes nicht praktiziert wurden? (»Wenn es aber jemand für gut hält, streitsüchtig zu sein, so soll er wissen: wir haben eine derartige Gewohnheit nicht, auch nicht die Gemeinden Gottes«).

Antwort: Eine solche Auslegung unterminiert die Inspiration und Autorität der Bibel. Was der Vers wirklich sagt, ist, dass Streit über diese Gebote des Herrn nicht zur Gewohnheit der Gemeinden gehörte. Die Gemeinden akzeptierten sie und gehorchten ihnen, ohne zu streiten oder sie hinwegerklären zu wollen.

6.4. Wenn das Haar der Frau ihr anstatt eines Schleiers gegeben ist, ist das dann nicht die einzig erforderliche Bedeckung?

Antwort: In 1. Korinther 11 ist von zwei Bedeckungen die Rede. Das Haar einer Frau als Bedeckung (»Schleier« wird in Vers 15 erwähnt, aber in Vers 5 geht es eindeutig um ein Kopftuch oder einen Schleier. Sonst würde Vers 6 praktisch sagen: »Denn wenn eine Frau ihr Haar nicht aufgesetzt hat, dann soll sie sich auch scheren lassen; wenn es aber für eine Frau schändlich ist, geschoren oder kahl geschoren zu werden, so soll sie ihr Haar aufsetzen.«

Natürlich ist eine solche Bedeutung unmöglich. Das heißt also, dass eine andere Bedeckung außer ihrem Haar nötig ist.

6.5. Bedeutet die Anweisung, dass Frauen in der Gemeinde schweigen sollen 1Kor 14,34) nicht lediglich, dass sie während des Gottesdienstes nicht plappern und klatschen dürfen?

Antwort: Die Stelle lautet: »Es ist ihnen nicht erlaubt zu reden.« Das Wort »reden« hier hat nirgendwo im ganzen Neuen Testament die Bedeutung »plappern« oder »klatschen«. Es wird in Vers 21 sogar auf Gott angewandt: »Ich will durch Leute mit fremder Sprache ... zu diesem Volk reden.«

6.6. Natürlich tauchen oft viele weitere Fragen auf, z.B. ob es für eine Frau richtig ist, in der Öffentlichkeit Zeugnis zu geben oder über ihre Missionsarbeit zu berichten oder ein Solo zu singen. Wo die Bibel keine speziellen Anweisungen für die einzelnen Fälle gibt, müssen die allgemeinen Prinzipien des Wortes entscheiden.

So sollten wir in jeder zweifelhaften Situation fragen:

→ Bedeutet dies, dass sie dadurch die Autorität über den Mann an sich reißt?

→ Nimmt die Frau dadurch die Führungsstellung ein?

→ Lehrt sie Männern das Wort?

Da diese Dinge verboten sind, sollten wir alles vermeiden, was den Grundsatz dieser Lehren des Wortes darstellen könnte.

7. Gottes Absicht bei diesen Anweisungen ist einerseits das Wohl seines Volkes wie auch seine eigene Herrlichkeit. Wo sein Wort ignoriert oder willentlich verletzt wurde, war das Ergebnis Streit und Unordnung. Dass es ein schlimmes Übel ist, wenn Frauen die Autorität an sich reißen und öffentlich lehren, kann man an dem Entstehen vieler Sekten

sehen - vor allem den Siebenten-Tags-Adventisten, der Theosophie, der Christlichen Wissenschaft - in denen Frauen eine führende Rolle spielten.

Andererseits gibt es nichts Schöneres und Köstlicheres, als christliche Frauen zu sehen, die ihre von Gott bestimmte Stellung einnehmen und den »unvergänglichen Schmuck des sanften und stillen Geistes« offenbaren (1Petr 3,4).

Kapitel 17
»Lasst uns zu ihm hinausgehen!«

Bisher haben wir uns mit der Gemeinde beschäftigt, sowohl in ihrem universalen, als auch in ihrem örtlichen Aspekt. Wir haben versucht, die im Neuen Testament gelehrten Prinzipien der Gemeinde zu entdecken und etwas von der Einfachheit, dem Eifer und der Geistlichkeit zu erfassen, die die Urgemeinde in den Tagen der Apostel kennzeichnete.

Jetzt bleibt noch die Frage: »**Wie kann dies alles auf Gläubige im zwanzigsten Jahrhundert angewandt werden?**« Um diese Frage zu beantworten, sollten wir zuerst einen kurzen Blick auf den Zustand der durch bloßes Namenschristentum gekennzeichneten heutigen Kirche werfen. Auf allen Seiten finden wir Abfall, Versagen, Ruin. Wir finden riesige Kirchenorganisationen, die materiellen Reichtum mit politischem Einfluss verbinden, aber ohne jede geistliche Kraft sind. Wir finden im Freikirchentum Denominationalismus und Parteisucht, wobei jede kleine Gruppe die Loyalität und Unterstützung ihrer Anhänger ausschließlich für sich fordert und dabei ein völlig unzutreffendes und verzerrtes Bild der Gemeinde darbietet. Wir finden die Gottesdienste der Kirchen überfüllt mit lebloser Liturgie und seelentötendem Ritualismus, wobei den Menschen Schatten vorgestellt werden anstatt Christus. Wir finden ein klerikales System, das den durchschnittlichen Laien zu einem stummen Priester, wenn nicht gar zu einem bloßen Geldautomaten reduziert hat. Wir finden Gemeinden mit Mitgliedslisten, die Gerettete und Nichtgerettete enthalten, sowohl wahre Gläubige als auch solche ohne lebendige Verbindung mit dem lebenden Erlöser. Schließlich finden wir Kirchen und Gemeinden, die von dem Sauerteig des Modernismus verdorben sind, die ein soziales Evangelium an die Stelle der Botschaft von der rettenden Gnade gesetzt haben.

Wenn gefragt wird, was ein Christ tun sollte, der sich in einer solchen Situation befindet, kann es nur eine Antwort geben. Trenne dich davon! Geh hinaus zu ihm, außerhalb des Lagers!

Das Wort Gottes besteht erbarmungs- und kompromisslos darauf, dass sich Gläubige von jeder Form des Bösen zurückziehen müssen - ob es nun kirchlich, lehrmäßig oder moralisch ist:

»Seid nicht mit Ungläubigen verschiedenartig zusammengejocht! Denn welche Verbindung haben Gerechtigkeit und Gesetzlosigkeit? Oder welche Gemeinschaft Licht mit Finsternis? Und welche Übereinstimmung Christus mit Belial? Oder welches Teil ein Gläubiger mit einem Ungläubigen? Und welchen Zusammenhang der Tempel Gottes mit Götzenbildern? Denn wir sind der Tempel des lebendigen Gottes; wie Gott gesagt hat: ›Ich will unter ihnen wohnen und wandeln, und ich werde ihr Gott sein, und sie werden mein Volk sein.‹ Darum geht aus ihrer Mitte hinaus und sondert euch ab, spricht der Herr, und rührt Unreines nicht an, und ich werde euch annehmen und werde euch ein Vater sein, und ihr werdet mir Söhne und Töchter sein, spricht der Herr, der Allmächtige« (2Kor 6,14-18).

Es ist sinnlos, zu argumentieren, dass ein Christ innerhalb eines verdorbenen Kirchensystems bleiben sollte, um darin eine Stimme für Gott zu sein. »Da ist kein einziger Held oder Heiliger, dessen Name auf den gottgehauchten Seiten leuchtet, der sein Zeitalter von innen her umgewälzt hätte: alle erhoben ohne Ausnahme den Ruf: »Lasst uns hinausgehen außerhalb des Lagers« ... Der Mann, der in die Welt geht, um ihr Niveau anzuheben, wird bald feststellen, dass sein eigenes Niveau abgesenkt wird ... Die sicherste und stärkste Stellung ist außerhalb des Lagers. Archimedes sagte, dass er die Welt aus den Angeln heben könne, wenn er nur einen festen Punkt außerhalb von ihr hätte. So kann auch eine Handvoll von Knechten Gottes ihre Zeit beeinflussen, wenn sie nur Elia gleichen, der sein Leben völlig außerhalb der Grenzen des Hofes und der Welt seiner Zeit verbrachte.«[1]

»All denen, die sich für einen Verbleib in einem Kirchensystem einsetzen, von dem sie wissen, dass es falsch ist, gibt Samuel eine klare und deutliche Antwort: ›Siehe, Gehorchen ist besser als Schlachtopfer, Aufmerken besser als das Fett der Widder!‹«[2]

Aber es bleibt immer noch die Frage: **Was soll jemand tun, wenn er dem Gebot der Schrift, »herauszukommen«, gehorcht hat?**

Als Antwort darauf schlagen wir folgendes schriftgemäße Vorgehen vor:

1. Versammle dich in der einem Christen angemessenen Einfachheit mit einer Gruppe von gleichgesinnten Gläubigen.

2. Versammelt euch zu Christus allein; macht ihn zum einzigen Anziehungspunkt. Obwohl solche Grundsätze keine großen Mengen anziehen werden, werden sie zu einem Kern von treuen Gläubigen führen, die durch Prüfungen und Enttäuschungen nicht so leicht umgeworfen werden.

3. Was den Versammlungsort betrifft, so ist eine Wohnung völlig ausreichend und hat auch zahlreiche neutestamentlichen Vorbilder (Röm 16,5; 1Kor 16,19; Kol 4,15; Phim 2). Solche, die gern ein eindrucksvolles Gebäude mit viel religiöser Hardware möchten, haben noch nie wirklich die Allgenugsamkeit des Herrn Jesus als der Person entdeckt, zu der allein sein Volk sich versammelt.

4. Gebt euch keinen Namen und keine Satzung, die einen wahren Gläubigen von der Gemeinschaft ausschließen könnten.

5. Geht keine Verbindung mit einer Denomination ein und verweigert hartnäckig jede Kontrolle oder Einmischung von außerhalb, die die Souveränität der örtlichen Gemeinde verletzen würde.

6. Widersteht der ständigen Tendenz, dass der Dienst immer mehr von einem Mann allein getan wird. Gebt viel-

mehr dem Heiligen Geist die Freiheit, die verschiedenen Gaben zu gebrauchen, die Christus der Gemeinde gegeben hat, und sorgt für die aktive Verwirklichung des Priestertums aller Gläubigen.

7. Versammelt euch regelmäßig zum Gebet, zum Studium des Wortes, zum Brechen des Brotes und zur Gemeinschaft. Betreibt eine aktive Evangelisationsarbeit, sowohl persönlich als auch gemeinschaftlich.

8. Kurz gesagt, sucht als eine neutestamentliche Gemeinde im wahrsten Sinn des Wortes zusammenzukommen, indem ihr eine getreue Darstellung des Leibes Christi zu sein versucht und den Geboten des Herrn gehorcht.

Es ist gut zu wissen, dass dies heute von Christen in der ganzen Welt praktiziert wird. Mit keinem anderen Leitfaden als der Bibel haben sie diese Grundsätze als schriftgemäß erkannt und sind ihnen trotz Angriffen und Verleumdungen gefolgt. Sie anerkennen kein Haupt als nur Christus, keine Gemeinschaft als nur seinen Leib, kein Hauptquartier als nur seinen Thron. Sie versuchen in echter Demut die Einheit des Leibes Christi zu bezeugen. In ihrer Gemeinschaft suchen sie, einen Zufluchtsort zu bilden für wahre Gläubige, die vom Modernismus und anderen damit verwandten Übeln bedrückt sind. Diese Gemeinden verbindet nichts, was irgendwie irdischer Natur ist. Ihre einzige Einheit ist die, die durch den Heiligen Geist gebildet und aufrechterhalten wird, und sie sind damit zufrieden.

Es gibt keinen Grund, warum nicht Hunderte von ähnlichen Gemeinschaften durch das große Haupt der Gemeinde gebildet werden könnten, wenn sein Volk bereit ist, aufopfernd und betend mitzuarbeiten. Wo Christen einmal den Blick dafür bekommen haben und auch bereit sind, dafür zu leiden, wird der Herr ihre Übungen und Anstrengungen gewiss belohnen und ihre Sehnsucht nach seiner Verherrlichung stillen.

Sollte es möglich sein, dass wir unmittelbar vor der Wiederkunft des Herrn noch eine große vom Heiligen Geist geführte Revolution gegen die abgefallene Christenheit sehen und einen frischen, neuen Aufbruch seiner Gnade, der kleine, unabhängige Gemeinschaften von Christen bildet, die die Bibel und ihren Herrn liebhaben?

Möge er, der die Gemeinde geliebt und sich selbst für sie hingegeben hat, es zur Verwirklichung bringen, zu seiner eigenen Verherrlichung!

Anmerkungen:

1) F. B. Meyer, Elijah - And the Secret of His Power, London (Marshall, Morgan and Scott), Seite 65f.

2) C. H. Mackintosh, Notes on Genesis, New York (Loizeaux Brothers) 1951, Seite 155

Ausführliches Inhaltsverzeichnis